מַסֶּכֶת תַּעֲנִית

עם ביאורים מאת

משה גרוס וגד מכטה

ואיורים מאת

חננאל תורגמן

קורן ירושלים

משנאות
משנה נאה בהנאה

The Annotated and Illustrated Masekhet Ta'anit
Moshe Gross, Gad Machta
Illustrated by Hananel Turgeman

'משנאות' – מסכת תענית
mishnaot@gmail.com

הוצאת קוֹרן
ת"ד 4044 ירושלים 9104001
טל': 02-6330530 פקס: 02-6330534

www.korenpub.com

תמונת העטיפה ועיצוב: חננאל תורגמן
עימוד: בנצי בינדר

מסת"ב ISBN 978-965-7766-69-9

נדפס בישראל Printed in Israel 2021

לעילוי נשמת אבי מורי

ר׳ שמואל יצחק בן ר׳ גרשון הלוי קאהען ז״ל

Professor Sam Cohen z"l

איש צנוע
אוהב ציון וירושלים
ירא אלהים וסר מרע
נקי כפיים ובר לבב

פעל רבות בנאמנות ובמסירות למען החינוך היהודי בלונדון במשך עשרות שנים

נלב״ע כ״ג באלול תשס״ד

תנצב״ה

לעילוי נשמת אמי מורתי

מרת חיה ליבא לאה בת ר׳ שמואל זאב הלוי ע״ה

Dr. Vivienne Cohen

אשת אמת
מסורה למשפחתה
שזכתה לראות דור ישרים מבורך

פעלה במסירות למען חינוך ילדי ישראל ולמען בנין הבית היהודי בלונדון
הכניסה אורחים לביתה בשמחה וביד רחבה
ריפאה את שבורי הלב וחבשה לעצבותם

כפה פרשה לעני וידיה שלחה לאביון
פיה פתחה בחכמה ותורת חסד על לשונה

נלב״ע בשיבה טובה בב׳ בשבט תשפ״א

תנצב״ה

לעילוי נשמת

מורנו ורבנו

ראש ישיבת מעלה אדומים

הגאון הרב נחום אליעזר רבינוביץ

בן ר' איתמר

מחבר "יד פשוטה" על הרמב"ם
והעמיד תלמידים הרבה.

גאון בתורה, חדשן ופוסק בהלכה,
מרחיב הדעת וחכם ההגות,
נפלא במוסר ובמידות, עניו ושפל דרך,
גדול בחינוך, אוהב שלום ורודף שלום,
אוהב תלמידיו אהבת נפש ומקרבם לתורה.

נפטר בי"ב באייר תש"פ

תנצב"ה

מבוא

הורים ומחנכים יקרים,

החוויה וההבנה של לימוד המשנה היו לנגד עינינו בכל שלבי יצירת הספר, ממסד ועד הטפחות.

דרכנו בפירוש

לא התיימרנו לפרש מחדש את המשנה, אלא התבססנו על דברי הראשונים והאחרונים מפרשי המשנה והגמרא, כמו כן הוספנו מעט הוספות מהתוספתא והירושלמי. דרכנו בפירוש הייתה להביא את הפירוש הקרוב ביותר ללשון המשנה. אמנם פעמים שבגמרא נוספה אוקימתא לדברי המשנה, ולשם כך צירפנו את פירוש רבי עובדיה מברטנורה, שלרוב הזכיר אוקימתות אלו.

המשנה מובאת כאן על פי שיטת 'משנה סדורה', העוזרת להבנה ולשינון, ותודתנו נתונה לרב אליהו דורדק על כך ועל הליווי והעצות.

דרכנו בציורים

ישנם שני סוגים של ציורים: יש ציורים מבארים ויש ציורים מלווים. הציורים המבארים באים לעזור ללומד להבין את המציאות המדוברת, שכן פעמים רבות בלי ציור מוחשי קשה להבין את דין המשנה והמציאות שדיברו בה. יש מקומות שבהם הראשונים נחלקו באיזו מציאות מדובר ובהם לא הבאנו כמה ציורים, אלא ציור אחד, התואם למובא בפירוש.

הציורים המלווים באים לאו דווקא לתוספת הבנה, אלא כדי שלימוד המשנה ילווה בחוויה חיובית של לימוד, ולכן הציורים באו בסגנון חי ונושם.

אנו תפילה כי הלימוד במשנה זו יגדיל את החיבה ללימוד התורה בכלל וללימוד המשנה בפרט.

מַסֶּכֶת תַּעֲנִית

מבוא למסכת תענית

מסכת תענית עוסקת בעיקר בדיני תעניות שחכמים תיקנו בעת בצורת, כשלא יורדים גשמים, שהיא סיבה מתמדת לצרות ורעב, וכן עוסקת במעמדות שהיו במקדש (שנביאים ראשונים תיקנו שכשם שהכוהנים מקריבים את הקרבנות והלוויים שרים על המזבח, כך בכל שבוע עולה קבוצה אחרת של ישראלים לירושלים ומתענה ומתפללת שיתקבלו הקרבנות ברצון, כמבואר להלן ד, ב), ובימים טובים הקשורים להם.

הפרק ראשון עוסק בדיני הזכרת הגשמים ובקשת הגשמים בתפילה, מתי מתחילים להזכיר ולבקש גשמים, ובעקבות כך דנים מהו הזמן שבו הגשמים אמורים לרדת, ובתעניות שגוזרים על הציבור אם ח"ו לא ירדו גשמים בזמנם.

בפרק שני מבואר כיצד נהגו בתעניות הציבור: היו מוציאים את התיבה לרחובה של עיר, מעמידים זקן שיטיף מוסר לעם כדי שיחזרו בתשובה, והיו מתפללים שם ומוסיפים ברכות שונות על התפילה הרגילה ובהמשך דנים בסדר התקיעה בחצוצרות בתעניות. עוד מובאים דיני אנשי המשמר, שהם הכוהנים שעבדו במקדש, אלו תעניות הם היו צמים, והלכות נוספות הנוגעות לאנשי המשמר. הפרק מסיים בדיני מגילת תענית ומתי אין גוזרים תעניות על הציבור.

בפרק שלישי מובאים מקרים נוספים שבהם הציבור מתענים מלבד עצירת גשמים: שינוי בגידול הצמחים, התחילו גשמים ופסקו, ירדו גשמים בכל הארץ מלבד עיר אחת, עיר שיש בה דֶּבֶר או מפולת, פגעים נוספים בגידול התבואה וצרות נוספות שיכולות לבוא ח"ו. מתוך כך מביאים את המעשה בחוני המעגל ותפילתו על הגשמים, ומסיימים במקרה שהתענו על הגשמים ונענו וירדו גשמים באותו היום.

הפרק רביעי פותח בברכת כוהנים שהייתה נאמרת בתעניות ביום הכיפורים ובמעמדות, ומתוך כך דנים במעמדות: מי היו אנשי המעמד, מתי חלה המשמרת של כל מעמד, התעניות וקריאת התורה, זמנים מיוחדים בשנה שבהם אין בהם מעמד, ומתוך כך מובא המנהג של הבאת קרבן עצים למערכה. בהמשך מובא שחמישה דברים אירעו לאבותינו בשבעה עשר בתמוז וחמישה אחרים אירעו בתשעה באב, ומתוך כך דנים בהלכות תשעה באב ושבוע שחל בו תשעה באב. הפרק מסיים בימים טובים שהיו לישראל, ט"ו באב ויום הכיפורים, שבהם בנות ישראל יוצאות בבגדים לבנים לחולל בכרמים ולחפש חתן.

ילדים והורים יקרים,

למים יש תפקיד חשוב בחיים שלנו - אנו זקוקים למים לשתייה ולגדל בעזרתם אוכל - צמחים ועצים זקוקים למים כדי לגדול ולגדל פירות.

ארץ ישראל התברכה בגשמים רבים, אך התורה כותבת פעמים רבות (למשל בקריאת שמע בפרשת "והיה אם שמוע") שגשמים ירדו בארץ רק כאשר ישראל ישמרו מצוות. לכן עצירת גשמים היא סימן לכך שיש לחזור בתשובה. מסכת תענית מלמדת אותנו כיצד הוא סדר החזרה בתשובה בזמן עצירת גשמים ובזמן שיש לישראל צרות אחרות.

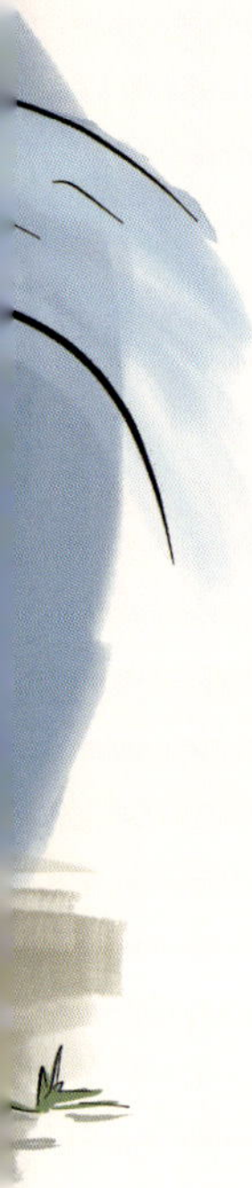

***

עם חזרת עם ישראל לארצו והקמת המדינה שָׁבָה ועלתה בעיית המים, וחוקרים ישראלים הצליחו לפתח דרך להתפיל מים בקלות ובזול (כלומר לשאוב מים מהים ולהוציא מהם את המליחות, עד שיהיו ראויים לשתייה ולחקלאות), ואף הצליחו לנקות את מי השופכים ולהשתמש בהם לחקלאות.

ולמרות כל הפיתוחים האלו, אנחנו עדיין זקוקים לגשם לשתייה ולחקלאות.

פרק ראשון

פרק זה עוסק בדיני הזכרת גשמים ובקשת הגשמים בתפילה, מתי מתחילים להזכיר ולבקש גשמים, מהו הזמן שבו הגשמים אמורים לרדת ובתעניות שגוזרים בית דין על הציבור אם חלילה לא ירדו גשמים בזמנם.

א **מֵאֵימָתַי מַזְכִּירִין גְּבוּרוֹת גְּשָׁמִים?**
רַבִּי אֱלִיעֶזֶר אוֹמֵר:
מִיּוֹם טוֹב הָרִאשׁוֹן שֶׁל הֶחָג.
רַבִּי יְהוֹשֻׁעַ אוֹמֵר:
מִיּוֹם טוֹב הָאַחֲרוֹן שֶׁל הֶחָג.
אָמַר לוֹ רַבִּי יְהוֹשֻׁעַ:
הוֹאִיל וְאֵין הַגְּשָׁמִים אֶלָּא סִימַן קְלָלָה בֶּחָג,
לָמָּה מַזְכִּיר?
אָמַר לוֹ רַבִּי אֱלִיעֶזֶר:
אַף אֲנִי לֹא אָמַרְתִּי לִשְׁאוֹל,
אֶלָּא לְהַזְכִּיר "מַשִּׁיב הָרוּחַ וּמוֹרִיד הַגֶּשֶׁם" בְּעוֹנָתוֹ.
אָמַר לוֹ:
אִם כֵּן, לְעוֹלָם יְהֵא מַזְכִּיר.

רבי עובדיה מברטנורה

מֵאֵימָתַי מַזְכִּירִין גְּבוּרוֹת גְּשָׁמִים. אַיְּדֵי דְּתָנָא בְּמַסֶּכֶת רֹאשׁ הַשָּׁנָה דִּסְלִיק מִנַּהּ (ראש השנה ב, א) וּבֶחָג נִדּוֹנִין עַל הַמַּיִם – תָּנָא הָכָא **מֵאֵימָתַי מַזְכִּירִין גְּבוּרוֹת גְּשָׁמִים.** וּלְפִי שֶׁהַגְּשָׁמִים אַחַת מִגְּבוּרוֹתָיו שֶׁל הַקָּדוֹשׁ בָּרוּךְ הוּא, דִּכְתִיב (איוב ה, ט): "עֹשֶׂה גְדֹלוֹת וְאֵין חֵקֶר הַנֹּתֵן מָטָר עַל פְּנֵי אָרֶץ" – מִשּׁוּם הָכִי קָרֵי לְהוּ **גְּבוּרוֹת גְּשָׁמִים. מִיּוֹם טוֹב אַחֲרוֹן שֶׁל חָג.** אֲבָל כָּל שִׁבְעַת יְמֵי הֶחָג – לֹא, שֶׁהַגְּשָׁמִים לִימֵי סֻכָּה סִימַן קְלָלָה. **מָשָׁל לְעֶבֶד שֶׁבָּא לִמְזֹג כּוֹס לְרַבּוֹ וְשָׁפַךְ** לוֹ רַבּוֹ **קִיתוֹן עַל פָּנָיו,** כְּלוֹמַר: "אִי אֶפְשִׁי בְּשִׁמּוּשְׁךָ".

אִם כֵּן אַתָּה אוֹמֵר **מַזְכִּירִין** אַף עַל פִּי שֶׁאֵין שׁוֹאֲלִין, הוֹאִיל וּמַשְׁמַע בְּעוֹנָתוֹ – אֲפִלּוּ בַּקַּיִץ יַזְכִּירוּ, וּמָה אַתָּה נוֹתֵן סִימָן **מִיּוֹם טוֹב רִאשׁוֹן?** וַהֲלָכָה כְּרַבִּי יְהוֹשֻׁעַ.

בסוכות נידונים על המים שירדו באותה השנה (משנה ראש השנה א, ב). בתפילת העמידה בחורף אנו מוסיפים שבח לה' על הגשמים, וכן בקשה על גשמי ברכה, ובמשנה זו מובאת מחלוקת תנאים מתי מתחילים לומר בתפילת עמידה את השבח "משיב הרוח ומוריד הגשם", אם בתחילת חג הסוכות או בסופו.

מֵאֵימָתַי מַזְכִּירִין גְּבוּרוֹת גְּשָׁמִים "משיב הרוח ומוריד הגשם" בתפילת עמידה? **רַבִּי אֱלִיעֶזֶר אוֹמֵר: מִיּוֹם טוֹב הָרִאשׁוֹן שֶׁל הֶחָג,** חג הסוכות, בזמן שנוטלים ארבעת המינים, שמסמלים את שפע המים.

רַבִּי יְהוֹשֻׁעַ אוֹמֵר: מִיּוֹם טוֹב הָאַחֲרוֹן שֶׁל הֶחָג, שמיני עצרת, אך לא בימי החג, כדי שלא יֵרד גשם בסוכות כפי שהמשנה מסבירה:

אָמַר לוֹ רַבִּי יְהוֹשֻׁעַ: הוֹאִיל וְאֵין הַגְּשָׁמִים אֶלָּא סִימַן קְלָלָה בֶּחָג, כמו עבד שבא למזוג כוס לרבו, ורבו שופך לו קיתון על פניו (משנה סוכה ב, ט), כלומר שמגרש אותו מעל פניו, כך ישראל באים לשבת בסוכות והקב"ה מוריד גשמים ומסלק אותם מהסוכות, **לָמָּה מַזְכִּיר** את הגשמים?

אָמַר לוֹ רַבִּי אֱלִיעֶזֶר: אַף אֲנִי לֹא אָמַרְתִּי לִשְׁאוֹל, לבקש "ותן טל ומטר" ב"ברך עלינו", **אֶלָּא** רק **לְהַזְכִּיר** את שבח ה', אשר "**מַשִּׁיב הָרוּחַ וּמוֹרִיד הַגֶּשֶׁם**" **בְּעוֹנָתוֹ**, בזמנו, בעונת הגשמים.

אָמַר לוֹ רבי יהושע: **אִם כֵּן**, שאפשר לשבח את ה' על הגשמים גם בזמן שהם קללה, **לְעוֹלָם יְהֵא מַזְכִּיר**, גם בקיץ.

ורבי אליעזר סובר שאכן יכול להזכיר גם בקיץ, אך ראוי להזכיר את הגשמים בעונה המתאימה להם.

ב **אֵין שׁוֹאֲלִין אֶת הַגְּשָׁמִים אֶלָּא סָמוּךְ לַגְּשָׁמִים.**
רַבִּי יְהוּדָה אוֹמֵר:
הָעוֹבֵר לִפְנֵי הַתֵּבָה בְּיוֹם טוֹב הָאַחֲרוֹן שֶׁל הֶחָג –
הָאַחֲרוֹן מַזְכִּיר, הָרִאשׁוֹן אֵינוֹ מַזְכִּיר.
בְּיוֹם טוֹב הָרִאשׁוֹן שֶׁל פֶּסַח –
הָרִאשׁוֹן מַזְכִּיר, הָאַחֲרוֹן אֵינוֹ מַזְכִּיר.

עַד אֵימָתַי שׁוֹאֲלִין אֶת הַגְּשָׁמִים?
רַבִּי יְהוּדָה אוֹמֵר:
עַד שֶׁיַּעֲבֹר הַפֶּסַח.
רַבִּי מֵאִיר אוֹמֵר:
עַד שֶׁיֵּצֵא נִיסָן, שֶׁנֶּאֱמַר (יואל ב, כג):
"וַיּוֹרֶד לָכֶם גֶּשֶׁם, מוֹרֶה וּמַלְקוֹשׁ בָּרִאשׁוֹן".

רבי עובדיה מברטנורה

אֵין שׁוֹאֲלִין אֶת הַגְּשָׁמִים. הַיְנוּ **אֵין** מַזְכִּירִין **אֶת הַגְּשָׁמִים. אֶלָּא סָמוּךְ לַגְּשָׁמִים.** דְּהַיְנוּ יוֹם ח׳ שֶׁל חָג, דְּמִן הֶחָג וָאֵילָךְ – זְמַן גְּשָׁמִים הוּא. וּסְתָמָא כְּרַבִּי יְהוֹשֻׁעַ.

פֵּרוּשׁ אַחֵר: רַבִּי אֱלִיעֶזֶר וְרַבִּי יְהוֹשֻׁעַ דִּפְלִיגֵי לְעֵיל בְּהַזְכָּרַת גְּשָׁמִים – מוֹדִים הֵם לְעִנְיַן שְׁאֵלָה, דְּהַיְנוּ לוֹמַר "וְתֵן טַל וּמָטָר", שֶׁ**אֵין שׁוֹאֲלִין** אוֹתָן **אֶלָּא סָמוּךְ לַגֶּשֶׁם,** דְּהַיְנוּ בְּג׳ בְּמַרְחֶשְׁוָן, אוֹ בְּז׳ בּוֹ, כִּדְמְפָרְשֵׁי תַּנָּאֵי לְקַמָּן בְּמַתְנִיתִין. **הָאַחֲרוֹן.** הַמִּתְפַּלֵּל תְּפִלַּת מוּסָף – **מַזְכִּיר** "מוֹרִיד הַגֶּשֶׁם". **וְהָרִאשׁוֹן.** הַמִּתְפַּלֵּל תְּפִלַּת שַׁחֲרִית – **אֵינוֹ מַזְכִּיר** גֶּשֶׁם, אֶלָּא טַל. וַהֲלָכָה כְּרַבִּי יְהוּדָה. וְהָא דִּתְנַן בְּסָמוּךְ **רַבִּי יְהוּדָה אוֹמֵר: עַד שֶׁיַּעֲבֹר הַפֶּסַח,** וְהָכָא קָאָמַר **רַבִּי יְהוּדָה בְּיוֹם טוֹב הָרִאשׁוֹן שֶׁל פֶּסַח הָאַחֲרוֹן** אֵינוֹ מַזְכִּיר – תְּרֵי תַּנָּאֵי נִינְהוּ וְאַלִּיבָּא דְּרַבִּי יְהוּדָה.

משנה זו דנה מתי מבקשים גשמים בתפילה ומתי מפסיקים לבקש. נוסף על כך, רבי יהודה מלמד באיזו תפילה מתחילים ובאיזו מפסיקים להזכיר את השבח על הגשמים.

יש להעיר כי זמנים אלה שהביאה המשנה הם בארץ ישראל ובמקומות הדומים לה מבחינת האקלים, אך במקומות שעונת הגשמים אינם בחודשים מרחשוון-ניסן, שואלים על הגשמים בזמנים אחרים.

אֵין שׁוֹאֲלִין אֶת הַגְּשָׁמִים, "ותן טל ומטר", **אֶלָּא סָמוּךְ לַגְּשָׁמִים,** סמוך לעונת הגשמים, וכמבואר במשנה הבאה.

רַבִּי יְהוּדָה אוֹמֵר: הָעוֹבֵר לִפְנֵי הַתֵּבָה בְּיוֹם טוֹב הָאַחֲרוֹן שֶׁל הֶחָג, שמיני עצרת, **הָאַחֲרוֹן,** החזן של מוסף, **מַזְכִּיר** "משיב הרוח ומוריד הגשם", **הָרִאשׁוֹן,** החזן של שחרית, **אֵינוֹ מַזְכִּיר,** אלא אומר "מוריד הטל".

בְּיוֹם טוֹב הָרִאשׁוֹן שֶׁל פֶּסַח, שאז נגמרת עונת הגשמים – **הָרִאשׁוֹן,** החזן של שחרית, **מַזְכִּיר** "משיב הרוח ומוריד הגשם", **הָאַחֲרוֹן,** החזן של מוסף, **אֵינוֹ מַזְכִּיר**, אלא אומר "מוריד הטל".

עַד אֵימָתַי שׁוֹאֲלִין אֶת הַגְּשָׁמִים, מבקשים ותן טל ומטר לברכה? **רַבִּי יְהוּדָה אוֹמֵר: עַד שֶׁיַּעֲבֹר הַפֶּסַח.**

רַבִּי מֵאִיר אוֹמֵר: עַד שֶׁיֵּצֵא נִיסָן, שֶׁנֶּאֱמַר: "וַיּוֹרֶד לָכֶם גֶּשֶׁם, מוֹרֶה וּמַלְקוֹשׁ בָּרִאשׁוֹן", כלומר בחודש הראשון, הוא חודש ניסן, וגשם בכל החודש הוא סימן ברכה.

ג **בִּשְׁלֹשָׁה בְּמַרְחֶשְׁוָן שׁוֹאֲלִין אֶת הַגְּשָׁמִים.**
רַבָּן גַּמְלִיאֵל אוֹמֵר: בְּשִׁבְעָה בּוֹ,
חֲמִשָּׁה עָשָׂר יוֹם אַחַר הֶחָג,
כְּדֵי שֶׁיַּגִּיעַ אַחֲרוֹן שֶׁבְּיִשְׂרָאֵל לִנְהַר פְּרָת.

רבי עובדיה מברטנורה

בִּשְׁלֹשָׁה בְּמַרְחֶשְׁוָן - שׁוֹאֲלִין אֶת הַגְּשָׁמִים. אוֹמְרִים: "וְתֵן טַל וּמָטָר" בְּבִרְכַּת הַשָּׁנִים. וְהָנֵי מִלֵּי בְּאֶרֶץ יִשְׂרָאֵל, אֲבָל בַּגּוֹלָה - אֵין שׁוֹאֲלִים עַד שִׁשִּׁים יוֹם לִתְקוּפַת תִּשְׁרֵי, וּבְיוֹם שִׁשִּׁים עַצְמוֹ מַתְחִילִין לִשְׁאֹל הַגְּשָׁמִים. **הָאַחֲרוֹן שֶׁבְּיִשְׂרָאֵל לִנְהַר פְּרָת.** אוֹתָן שֶׁעָלוּ לָרֶגֶל הַחוֹזְרִים לְבָתֵּיהֶן, וְלֹא יַפְסִיקוּם הַגְּשָׁמִים.

משנה זו דנה מתי מתחילים לשאול על הגשמים, לומר "ותן טל ומטר".

בִּשְׁלֹשָׁה בְּמַרְחֶשְׁוָן שׁוֹאֲלִין אֶת הַגְּשָׁמִים, שזהו זמן רביעה ראשונה, כלומר עונת הגשמים הראשונה של כל שנה, ושואלים גשמים כדי שירביעו את האדמה והתבואה תגדל.

רבן גמליאל　　　תנא קמא

רַבָּן גַּמְלִיאֵל אוֹמֵר: בְּשִׁבְעָה בּוֹ, ז' במרחשון, שהוא **חֲמִשָּׁה עָשָׂר יוֹם אַחַר הֶחָג, כְּדֵי שֶׁיַּגִּיעַ אַחֲרוֹן שֶׁבְּיִשְׂרָאֵל** שעלה לירושלים לרגל **לִנְהַר פְּרָת,** שהוא היה היישוב היהודי המרוחק ביותר מירושלים באותם הימים, וחכמים לא רצו שגשמים והצפות יעכבו אותם מלחזור לביתם.

ומי שגר במקומות רחוקים מארץ ישראל שבהם עונת הגשמים היא בזמנים אחרים, כגון בחצי הדרומי של כדור הארץ, ישאל על הגשמים לפי עונת הגשמים של מקומו (שו"ת הרא"ש ד, י, וראה גם בית יוסף סי' קיז וברטנורה).

ד **הִגִּיעַ שִׁבְעָה עָשָׂר בְּמַרְחֶשְׁוָן וְלֹא יָרְדוּ גְשָׁמִים – הִתְחִילוּ הַיְחִידִים מִתְעַנִּין שָׁלֹשׁ תַּעֲנִיּוֹת.**

אוֹכְלִין וְשׁוֹתִין מִשֶּׁחָשֵׁכָה,
וּמֻתָּרִין בִּמְלָאכָה וּבִרְחִיצָה וּבְסִיכָה,
וּבִנְעִילַת הַסַּנְדָּל וּבְתַשְׁמִישׁ הַמִּטָּה.

רבי עובדיה מברטנורה

הִגִּיעַ שִׁבְעָה עָשָׂר בְּמַרְחֶשְׁוָן. וּכְבָר עָבְרוּ ג' זְמַנִּים, שֶׁהֵן שְׁלֹשָׁה בְּמַרְחֶשְׁוָן, וְשִׁבְעָה, וְשִׁבְעָה עָשָׂר. **הִתְחִילוּ הַיְחִידִים.** תַּלְמִידֵי חֲכָמִים. **שָׁלֹשׁ תַּעֲנִיּוֹת.** שֵׁנִי וַחֲמִישִׁי וְשֵׁנִי. **אוֹכְלִים וְשׁוֹתִים מִשֶּׁחֲשֵׁכָה.** מֻתָּר לָהֶם לֶאֱכֹל וְלִשְׁתּוֹת כָּל לֵיל הַתַּעֲנִית עַד שֶׁיַּעֲלֶה עַמּוּד הַשַּׁחַר, כָּל זְמַן שֶׁלֹּא יָשַׁן. אֲבָל לְאַחַר שֶׁיָּשַׁן שֵׁנַת קֶבַע – אָסוּר לֶאֱכֹל וְלִשְׁתּוֹת, אִם לֹא הִתְנָה מִתְּחִלָּה קֹדֶם שֶׁיָּשַׁן. וְאִית דְּאָמְרֵי: דַּאֲכִילָה בָּעֵי תְּנַאי, שְׁתִיָּה – לָא בָּעֵי תְּנַאי, דְּאֵין קֶבַע לִשְׁתִיָּה. וְהָכִי מִסְתַּבְּרָא.

משנה זו פותחת סדרת משניות העוסקות בתעניות שהיו מתענים אם לא ירדו גשמים. משנה זו עוסקת בשלוש התענית הראשונות.

הִגִּיעַ שִׁבְעָה עָשָׂר בְּמַרְחֶשְׁוָן, שהוא זמן רביעה שלישית, הזמן המאוחר שבו זורעים בכל שנה, **וְלֹא יָרְדוּ גְשָׁמִים – הִתְחִילוּ הַיְחִידִים,** תלמידי החכמים, **מִתְעַנִּין שָׁלֹשׁ תַּעֲנִיּוֹת,** בימים שני, חמישי ושני.

תעניות אלו אינן חמורות ולכן **אוֹכְלִין וְשׁוֹתִין מִשֶּׁחָשֵׁכָה,** כל הלילה עד עלות השחר, **וּמֻתָּרִין** בזמן התענית **בִּמְלָאכָה וּבִרְחִיצָה** במים חמים **וּבְסִיכָה** של הגוף בשמן **וּבִנְעִילַת הַסַּנְדָּל וּבְתַשְׁמִישׁ הַמִּטָּה.**

ה הִגִּיעַ רֹאשׁ חֹדֶשׁ כִּסְלֵו וְלֹא יָרְדוּ גְשָׁמִים –
בֵּית דִּין גּוֹזְרִין שָׁלֹשׁ תַּעֲנִיּוֹת עַל הַצִּבּוּר.

אוֹכְלִין וְשׁוֹתִין מִשֶּׁחָשֵׁכָה,
וּמֻתָּרִין בִּמְלָאכָה וּבִרְחִיצָה וּבְסִיכָה,
וּבִנְעִילַת הַסַּנְדָּל וּבְתַשְׁמִישׁ הַמִּטָּה.

במשנה זו מבוארים דיני סדרת התעניות השנייה.

הִגִּיעַ רֹאשׁ חֹדֶשׁ כִּסְלֵו, אחרי סדרת התעניות הראשונה, **וְלֹא יָרְדוּ גְשָׁמִים – בֵּית דִּין גּוֹזְרִין שָׁלֹשׁ תַּעֲנִיּוֹת עַל** כל **הַצִּבּוּר**, בימים שני, חמישי ושני.

תעניות אלו אינן חמורות ולכן **אוֹכְלִין וְשׁוֹתִין מִשֶּׁחָשֵׁכָה**, כל הלילה עד שיעלה עמוד השחר, **וּמֻתָּרִין בִּמְבוק למעלהלָאכָה וּבִרְחִיצָה** במים חמים **וּבְסִיכָה** של הגוף בשמן **וּבִנְעִילַת הַסַּנְדָּל וּבְתַשְׁמִישׁ הַמִּטָּה.**

ו עָבְרוּ אֵלּוּ וְלֹא נַעֲנוּ –
בֵּית דִּין גּוֹזְרִין שָׁלֹשׁ תַּעֲנִיּוֹת אֲחֵרוֹת עַל הַצִּבּוּר.
אוֹכְלִין וְשׁוֹתִין מִבְּעוֹד יוֹם,
וַאֲסוּרִין בִּמְלָאכָה וּבִרְחִיצָה וּבְסִיכָה,
וּבִנְעִילַת הַסַּנְדָּל וּבְתַשְׁמִישׁ הַמִּטָּה,
וְנוֹעֲלִין אֶת הַמֶּרְחֲצָאוֹת.

עָבְרוּ אֵלּוּ וְלֹא נַעֲנוּ –
בֵּית דִּין גּוֹזְרִין עֲלֵיהֶם עוֹד שֶׁבַע,
שֶׁהֵן שְׁלֹשׁ עֶשְׂרֵה תַּעֲנִיּוֹת עַל הַצִּבּוּר.
הֲרֵי אֵלּוּ יְתֵרוֹת עַל הָרִאשׁוֹנוֹת,
שֶׁבָּאֵלּוּ מַתְרִיעִין וְנוֹעֲלִין אֶת הַחֲנוּיוֹת.

בַּשֵּׁנִי מַטִּין עִם חֲשֵׁכָה,
וּבַחֲמִישִׁי מֻתָּרִין מִפְּנֵי כְּבוֹד הַשַּׁבָּת.

רב' עובדיה מברטנורה

שֶׁהֵן שְׁלֹשָׁה עָשָׂר תַּעֲנִיּוֹת עַל הַצִּבּוּר. שֶׁכְּבָר הִתְעַנּוּ שֵׁשׁ, וְתַעֲנִיּוֹת דִּיחִידִים – אֵינָם מִן הַמִּנְיָן. **מַתְרִיעִין** בְּשׁוֹפָרוֹת. **בַּשֵּׁנִי מַטִּין.** **בַּשֵּׁנִי** שֶׁל תַּעֲנִית פּוֹתְחִין דַּלְתֵי הַחֲנֻיּוֹת קְצָת לְעֵת עֶרֶב, אֲבָל אֵין מוֹצִיאִין סְחוֹרָתָן לַחוּץ. **וּבַחֲמִישִׁי מֻתָּרִים** לִפְתֹּחַ כָּל הַיּוֹם.

במשנה זו מבוארים דיני הסדרה השלישית של התעניות.

עָבְרוּ אֵלּוּ, שתי הסדרות הראשונות, **וְלֹא נַעֲנוּ**, לא ירדו גשמים - **בֵּית דִּין גּוֹזְרִין שָׁלֹשׁ תַּעֲנִיּוֹת אֲחֵרוֹת עַל הַצִּבּוּר.**

תעניות אלו חמורות, ולכן **אוֹכְלִין וְשׁוֹתִין מִבְּעוֹד יוֹם**, ומפסיקים לאכול ולשתות קודם שקיעת החמה, **וַאֲסוּרִין בִּמְלָאכָה וּבִרְחִיצָה** במים חמים **וּבְסִיכָה** של הגוף בשמן, **וּבִנְעִילַת הַסַּנְדָּל וּבְתַשְׁמִישׁ הַמִּטָּה**, כמו ביום הכיפורים ובתשעה באב, שצריכים כפרה על העוונות והם כמנודים וכאבלים, **וְנוֹעֲלִין אֶת הַמֶּרְחֲצָאוֹת** כדי שלא ירחצו את גופם במים חמים, אבל במים צוננים מותר.

עָבְרוּ אֵלּוּ, שלוש הסדרות של התעניות, **וְלֹא נַעֲנוּ - בֵּית דִּין גּוֹזְרִין עֲלֵיהֶם עוֹד שֶׁבַע** תעניות, **שֶׁהֵן** סך הכול **שְׁלֹשׁ עֶשְׂרֵה תַּעֲנִיּוֹת עַל הַצִּבּוּר.**

הֲרֵי אֵלּוּ התעניות האחרונות **יְתֵרוֹת עַל הָרִאשׁוֹנוֹת, שֶׁבְּאֵלּוּ מַתְרִיעִין** בשופרות **וְנוֹעֲלִין אֶת הַחֲנוּיוֹת.**

וזה סדר נעילת החנויות: **בַּשֵּׁנִי מַטִּין עִם חֲשֵׁכָה,** פותחים את דלתות החנויות שמוכרות אוכל, אך אין מוציאים את הסחורה לרחוב, **וּבַחֲמִישִׁי מַתִּירִין** לפתוח את החנות כרגיל כל היום **מִפְּנֵי כְבוֹד הַשַּׁבָּת,** שיוכלו לקנות אוכל לשבת.

ז **עָבְרוּ אֵלּוּ וְלֹא נַעֲנוּ –**
מְמַעֲטִין בְּמַשָּׂא וּמַתָּן,
בְּבִנְיָן וּבִנְטִיעָה,
בְּאֵרוּסִין וּבְנִשּׂוּאִין,
וּבִשְׁאִילַת שָׁלוֹם בֵּין אָדָם לַחֲבֵרוֹ,
כִּבְנֵי אָדָם הַנְּזוּפִין לַמָּקוֹם.
הַיְחִידִים חוֹזְרִים וּמִתְעַנִּים עַד שֶׁיֵּצֵא נִיסָן.

יָצָא נִיסָן וְיָרְדוּ גְשָׁמִים –
סִימַן קְלָלָה,
שֶׁנֶּאֱמַר (שמואל א יב, יז):
"הֲלֹא קְצִיר חִטִּים הַיּוֹם" וְגוֹמֵר.

רבי עובדיה מברטנורה

בְּבִנְיָן וּבִנְטִיעָה. וְדַוְקָא בִּנְיָן שֶׁל שִׂמְחָה, כְּגוֹן בֵּית חַתְנוּת לַעֲשׂוֹת בּוֹ חֻפָּתוֹ, וּנְטִיעָה שֶׁל שִׂמְחָה כְּגוֹן אִילָן גָּדוֹל הַמֵּסֵךְ עַל הָאָרֶץ לְטַיֵּל הַמְּלָכִים תַּחְתָּיו. אֲבָל בַּיִת לָדוּר בּוֹ וּנְטִיעַת אִילָן לְפֵרוֹתָיו – מֻתָּר. **יָצָא נִיסָן – הַגְּשָׁמִים סִימַן קְלָלָה.** כְּשֶׁלֹּא יָרְדוּ כְּלָל קֹדֶם [שֶׁיָּצָא] נִיסָן. וְכָל הַדִּינִים הַלָּלוּ בְּאֶרֶץ יִשְׂרָאֵל וְכַיּוֹצֵא בָהּ, אֲבָל הָאִיִּים הָרְחוֹקִים, שֶׁזְּמַן הַגְּשָׁמִים שֶׁלָּהֶם אֵינוֹ כִּזְמַן הַגְּשָׁמִים שֶׁל אֶרֶץ יִשְׂרָאֵל – כָּל אֶחָד וְאֶחָד שׁוֹאֵל הַגְּשָׁמִים בִּזְמַן שֶׁהוּא צָרִיךְ לָהֶם. וְאִם עָבַר אוֹתוֹ הַזְּמַן הַיָּדוּעַ לָהֶן וְלֹא יָרְדוּ גְשָׁמִים – בֵּית דִּין שֶׁל אוֹתוֹ מָקוֹם גּוֹזְרִים תַּעֲנִיּוֹת עַל הַצִּבּוּר, אַחַר שֶׁהִתְעַנּוּ הַיְחִידִים כַּסֵּדֶר הַשָּׁנוּי בְּמַתְנִיתִין.

חכמים קבעו שאין מטריחים את הציבור להתענות יותר מ-13 תעניות. במשנה זו מבואר כיצד יש לנהוג אם אחרי התעניות עדיין לא ירדו גשמים.

עָבְרוּ אֵלּוּ, 13 התעניות הנזכרות במשניות הקודמות, **וְלֹא נַעֲנוּ,** לא ירדו גשמים – **מְמַעֲטִין בְּמַשָּׂא וּמַתָּן, בְּבִנְיָן וּבִנְטִיעָה** של שמחה, כגון בניינים יפים וגינות נוי, אבל בנייני מגורים ועצי פרי מותר לבנות ולנטוע, וכן ממעטים **בְּאֵרוּסִין וּבְנִשּׂוּאִין,** למי שיש כבר ילדים, אבל אלה שאין להם עדיין ילדים יכולים להינשא, אך ממעטים בשמחה זו (תוספות יום טוב), **וּבִשְׁאִילַת שָׁלוֹם בֵּין אָדָם לַחֲבֵרוֹ,** ומתנהגים **כִּבְנֵי אָדָם הַנְּזוֹפִין לַמָּקוֹם,** כמי שהקדוש ברוך הוא כועס עליהם.

הַיְחִידִים, תלמידי החכמים, **חוֹזְרִים וּמִתְעַנִּים עַד שֶׁיֵּצֵא נִיסָן.**

אם לא ירדו גשמים כלל באותה שנה וכבר **יָצָא נִיסָן** – החודש הראשון של תקופת ניסן (האביב), שבדרך כלל מקביל לחודש ניסן אך פעמים מקדים אותו ופעמים מאוחר לו, **וְיָרְדוּ גְשָׁמִים – סִימַן קְלָלָה, שֶׁנֶּאֱמַר: "הֲלֹא קְצִיר חִטִּים הַיּוֹם" וְגוֹמֵר.** גשמים היורדים לאחר חורף שלא ירדו בו גשמים הם קללה, אך בשנה שבה יורדים גשמים בחורף, גשמים באייר אינם סימן קללה אלא ברכה, מפני שיש תבואה שצומחת מאוחר וזקוקה לגשמים.

זמנים אלו שנשנו כאן הם לפי האקלים שבארץ ישראל, אך במקומות אחרים בעולם, התעניות על עצירת גשמים נקבעות לפי האקלים המקומי (ברטנורה).

פרק שני

בפרק זה מבואר כיצד נהגו בתעניות הציבור: היו מוציאים את התיבה לרחובה של עיר, מעמידים זקן שיטיף מוסר לעם כדי שיחזרו בתשובה, והיו מתפללים שם ומוסיפים ברכות שונות על התפילה הרגילה. ובהמשך דנים בסדר התקיעה בחצוצרות בתעניות.

אנשי המשמר הם הכוהנים שעבדו במקדש והמשנה דנה אילו תעניות הם היו צמים, ומתוך כך דנים בהלכות שונות הנוגעות לאנשי המשמר. הפרק מסיים בדיני מגילת תענית ומתי אין גוזרים תעניות על הציבור.

א **סֵדֶר תַּעֲנִיּוֹת כֵּיצַד?**
מוֹצִיאִין אֶת הַתֵּבָה לִרְחוֹבָהּ שֶׁל עִיר,
וְנוֹתְנִין אֵפֶר מִקְלֶה עַל גַּבֵּי הַתֵּבָה,
וּבְרֹאשׁ הַנָּשִׂיא וּבְרֹאשׁ אַב בֵּית דִּין,
וְכָל אֶחָד וְאֶחָד נוֹתֵן בְּרֹאשׁוֹ.
הַזָּקֵן שֶׁבָּהֶן אוֹמֵר לִפְנֵיהֶן דִּבְרֵי כִבּוּשִׁין:
אַחֵינוּ! לֹא נֶאֱמַר בְּאַנְשֵׁי נִינְוֵה:
"וַיַּרְא הָאֱלֹהִים אֶת שַׂקָּם וְאֶת תַּעֲנִיתָם",
אֶלָּא (יונה ג, י):
"וַיַּרְא הָאֱלֹהִים אֶת מַעֲשֵׂיהֶם, כִּי שָׁבוּ מִדַּרְכָּם הָרָעָה",
וּבַקַּבָּלָה הוּא אוֹמֵר (יואל ב, יג):
"וְקִרְעוּ לְבַבְכֶם וְאַל בִּגְדֵיכֶם".

רבי עובדיה מברטנורה

סֵדֶר תַּעֲנִיּוֹת כֵּיצַד. בְּשֶׁבַע תַּעֲנִיּוֹת אַחֲרוֹנוֹת קָא מַיְרֵי. **אֶת הַתֵּבָה.** הָאָרוֹן שֶׁסֵּפֶר תּוֹרָה מֻנָּח בּוֹ, כְּלוֹמַר: "כְּלִי צָנוּעַ הָיָה לָנוּ, וְנִתְבַּזָּה בַּעֲוֹנֵנוּ". וְלָמָּה לִרְחוֹבָהּ שֶׁל עִיר? לוֹמַר: "צָעַקְנוּ בִּצְנְעָה בְּבֵית הַכְּנֶסֶת וְלֹא נַעֲנֵינוּ, נְבַזֶּה עַצְמֵנוּ בְּפַרְהֶסְיָא בִּרְחוֹבָהּ שֶׁל עִיר" (תענית טז, א). **אֵפֶר מִקְלֶה.** אֵפֶר שְׂרֵפָה. וּמִשּׁוּם דְּעָפָר נָמֵי אִקְרֵי "אֵפֶר" – תָּנָא **אֵפֶר מִקְלֶה,** דְּהָכָא צָרִיךְ שֶׁיִּהְיֶה אֵפֶר מַמָּשׁ, כְּדֵי שֶׁיִּזָּכֵר הַקָּדוֹשׁ בָּרוּךְ הוּא עֲקֵדָתוֹ שֶׁל יִצְחָק וִירַחֵם. **עַל גַּבֵּי הַתֵּבָה.** מִשּׁוּם דִּכְתִיב (ישעיה סג, ט): "בְּכָל צָרָתָם לוֹ צָר". **וּבְרֹאשׁ הַנָּשִׂיא וכו'.** וְהֵן עַצְמָן אֵינָם נוֹטְלִים, כְּדֵי שֶׁיִּתְבַּיְּשׁוּ יוֹתֵר, לְפִי שֶׁאֵינוֹ דּוֹמֶה מִתְבַּיֵּשׁ מֵעַצְמוֹ לַמִּתְבַּיֵּשׁ מֵאֲחֵרִים. **דִּבְרֵי כִבּוּשִׁים.** דְּבָרִים שֶׁכּוֹבְשִׁין לִבּוֹ שֶׁל אָדָם לְהַחֲזִירוֹ לַמּוּטָב. **וּבַקַּבָּלָה.** בְּדִבְרֵי הַנְּבִיאִים.

במשנה זו מתואר כיצד נהגו בשבע תעניות הציבור האחרונות, אבל בשש תעניות הראשונות היו נוהגים כשאר הצומות הרגילים.

סֵדֶר תַּעֲנִיּוֹת כֵּיצַד? מוֹצִיאִין אֶת הַתֵּבָה, שספר התורה מונח עליה, **לִרְחוֹבָהּ שֶׁל עִיר,** דבר המסמל ביזיון וגלות (ירושלמי ב, א, וגמרא טז, א), **וְנוֹתְנִין אֵפֶר מִקְלֶה,** אפר שרוף, כדי שה' יזכור את עקדת יצחק וירחם על ישראל וכן כדי להכניע את ליבם, את האפר היו נותנים **עַל גַּבֵּי הַתֵּבָה** של ספר התורה, כדי להראות שגם הקב"ה משתתף בצרתם של ישראל (ירושלמי שם), **וּבְרֹאשׁ הַנָּשִׂיא וּבְרֹאשׁ אַב בֵּית דִּין,** אנשים אחרים שמים על ראשם כדי להגדיל את הביזיון, **וְכָל אֶחָד וְאֶחָד נוֹתֵן בְּרֹאשׁוֹ.**

הַזָּקֵן שֶׁבָּהֶן אוֹמֵר לִפְנֵיהֶן דִּבְרֵי כִבּוּשִׁין, דברי מוסר כדי לעורר אותם לעשות תשובה שלמה: **אַחֵינוּ! לֹא נֶאֱמַר בְּאַנְשֵׁי נִינְוֵה: "וַיַּרְא הָאֱלֹהִים אֶת שַׂקָּם וְאֶת תַּעֲנִיתָם",** כלומר ה' לא ויתר להם בגלל מעשי האבלות החיצוניים, **אֶלָּא: "וַיַּרְא הָאֱלֹהִים אֶת מַעֲשֵׂיהֶם, כִּי שָׁבוּ מִדַּרְכָּם הָרָעָה",** ה' ויתר על העונש בגלל השינוי הפנימי של דרכיהם, ומזה יש ללמוד שתשובה אמיתית היא בעזיבת המעשים הרעים, ואמנם הם נזקקו גם לתשובה הגופנית שעל ידה הלב מתעורר לתשובה (חתם סופר). **וּבַקַּבָּלָה,** בדברי הנביאים, **הוּא אוֹמֵר: "וְקִרְעוּ לְבַבְכֶם וְאַל בִּגְדֵיכֶם",** כלומר אם תקרעו את לבבכם ותחזרו בתשובה לא תצטרכו לקרוע את בגדיכם לאבל כי ה' יקרע את רוע הגזירה, והזקן מוסיף דברי מוסר לפי הדור והשעה.

ב עָמְדוּ בִתְפִלָּה.
מוֹרִידִין לִפְנֵי הַתֵּבָה זָקֵן וְרָגִיל,
וְיֵשׁ לוֹ בָנִים וּבֵיתוֹ רֵיקָם,
כְּדֵי שֶׁיְּהֵא לִבּוֹ שָׁלֵם בַּתְּפִלָּה.

וְאוֹמֵר לִפְנֵיהֶם עֶשְׂרִים וְאַרְבַּע בְּרָכוֹת:
שְׁמוֹנֶה עֶשְׂרֵה שֶׁבְּכָל יוֹם,
וּמוֹסִיף עֲלֵיהֶן עוֹד שֵׁשׁ.

רבי עובדיה מברטנורה

וְרָגִיל. הַיּוֹדֵעַ סֵדֶר תְּפִלָּה. **וְיֵשׁ לוֹ בָנִים וּבֵיתוֹ רֵיקָן.** שֶׁאֵין בְּבֵיתוֹ בַּמֶּה לְפַרְנֵס אֶת בָּנָיו, וּמִתּוֹךְ שֶׁנַּפְשׁוֹ עֲגוּמָה עָלָיו – מִתְפַּלֵּל בְּכַוָּנָה. אִי נָמֵי, **בֵּיתוֹ רֵיקָן** מִן הָעֲבֵרוֹת, שֶׁלֹּא יָצָא עָלָיו שֵׁם רַע בְּיַלְדוּתוֹ. **וּמוֹסִיפִין עֲלֵיהֶם שֵׁשׁ.** בֵּין גּוֹאֵל לְרוֹפֵא אוֹמֵר ו' בְּרָכוֹת הַלָּלוּ.

אחרי שקיבלו מוסר ניגש הציבור בלב שבור להתפלל את תפילת התענית. במשנה זו מובא מי ראוי להיות שליח הציבור ומה השינוי בתפילה שעושים בתעניות.

עָמְדוּ בִתְפִלָּה. מוֹרִידִין לִפְנֵי הַתֵּבָה זָקֵן וְרָגִיל, מכיר את נוסח התפילה ורגיל לעבור לפני התיבה בציבור, **וְיֵשׁ לוֹ בָנִים וּבֵיתוֹ רֵיקָם,** ריק מעבירות וריק ממזון, שאין לו במה להאכיל את משפחתו, **כְּדֵי שֶׁיְּהֵא לִבּוֹ** הכנוע **שָׁלֵם בַּתְּפִלָּה.**

וְאוֹמֵר, שליח הציבור הזקן, **לִפְנֵיהֶם עֶשְׂרִים וְאַרְבַּע בְּרָכוֹת: שְׁמוֹנֶה עֶשְׂרֵה שֶׁבְּכָל יוֹם, וּמוֹסִיף עֲלֵיהֶן עוֹד שֵׁשׁ,** שיפורטו במשנה הבאה.

נציין כי המפרשים נחלקו באיזו תפילה מוסיפים את שש הברכות, יש אומרים בשחרית בלבד, יש אומרים בשחרית ובמנחה, יש אומרים בנעילה שהיו מוסיפים באותן תעניות, יש אומרים שהיו מוסיפים תפילה ובה ברכות אלו ויש אומרים שבכל תפילות היום היו מוסיפים.

והעיר הרמב"ן (טו, א) כי בתעניות שהיו מוסיפים ברכות לא היו אומרים 'עננו', שאם כן, היו 25 ברכות.

ג וְאֵלּוּ הֵן: "זִכְרוֹנוֹת" וְ"שׁוֹפָרוֹת",
"אֶל ה' בַּצָּרָתָה לִּי קָרָאתִי וַיַּעֲנֵנִי" (תהלים קכ),
"אֶשָּׂא עֵינַי אֶל הֶהָרִים" וְגוֹ' (תהלים קכא),
"מִמַּעֲמַקִּים קְרָאתִיךָ ה'" (תהלים קל),
"תְּפִלָּה לְעָנִי כִּי יַעֲטֹף" (תהלים קב).

רַבִּי יְהוּדָה אוֹמֵר:
לֹא הָיָה צָרִיךְ לוֹמַר "זִכְרוֹנוֹת" וְ"שׁוֹפָרוֹת",
אֶלָּא אוֹמֵר תַּחְתֵּיהֶן:
"רָעָב כִּי יִהְיֶה בָאָרֶץ, דֶּבֶר כִּי יִהְיֶה" וְגוֹ' (מלכים א ח, לז),
"אֲשֶׁר הָיָה דְבַר ה' אֶל יִרְמְיָהוּ
עַל דִּבְרֵי הַבַּצָּרוֹת" (ירמיה יד, א),
וְאוֹמֵר חוֹתְמֵיהֶן.

רבי עובדיה מברטנורה

זִכְרוֹנוֹת וְשׁוֹפָרוֹת. כָּל הַפְּסוּקִים כְּמוֹ שֶׁאוֹמְרִים בְּרֹאשׁ הַשָּׁנָה.
וְאוֹמֵר חוֹתְמֵיהֶן. אַחַר זִכְרוֹנוֹת – חֲתִימַת זִכְרוֹנוֹת, וְאַחַר שׁוֹפָרוֹת – חֲתִימַת שׁוֹפָרוֹת, וְכֵן אַחַר כֻּלָּם, כִּדְמְפָרֵשׁ וְאָזֵיל.

משנה זו מביאה את סדר הברכות שהיו מוסיפים בתעניות. את הברכות היה שליח הציבור אומר בתפילת העמידה בין "גואל ישראל" ל"רפאנו".

וְאֵלּוּ הֵן הברכות שמוסיף בתענית ציבור: **"זִכְרוֹנוֹת" וְ"שׁוֹפָרוֹת"**, בנוסח שאומרים בראש השנה. אבל מלכויות לא היה אומר כי לא שייך להמליך את ה' כאשר ישראל נמצאים בצרה (ראה לעיל משנה א).

ומוסיף עליהם מזמורי תהלים, מזמור אחד לכל ברכה: **"אֶל ה' בַּצָּרָתָה לִּי קָרָאתִי וַיַּעֲנֵנִי", "אֶשָּׂא עֵינַי אֶל הֶהָרִים" וְגוֹ', "מִמַּעֲמַקִּים קְרָאתִיךָ ה'", "תְּפִלָּה לְעָנִי כִּי יַעֲטֹף"**, מזמורים אלה מתארים את האדם שנמצא בצרה ומתפלל לה' שיחלץ אותו מצרותיו. ובמשנה הבאה מתואר כיצד היה חותם את הברכות.

רַבִּי יְהוּדָה אוֹמֵר: לֹא הָיָה צָרִיךְ לוֹמַר "זִכְרוֹנוֹת" וְ"שׁוֹפָרוֹת", אֶלָּא אוֹמֵר תַּחְתֵּיהֶן, במקום זיכרונות: **"רָעָב כִּי יִהְיֶה בָאָרֶץ, דֶּבֶר כִּי יִהְיֶה" וְגוֹ'**, קטע מתוך תפילת שלמה בחנוכת המקדש, שבה הוא מבקש מה' שישמע לתפילת האנשים כאשר יש רעב וצרות. ובמקום שופרות: **"אֲשֶׁר הָיָה דְבַר ה' אֶל יִרְמְיָהוּ עַל דִּבְרֵי הַבַּצָּרוֹת"**, שבהם הנביא מתפלל לה' שימחל לחטאיהם והבצורת תיפסק, **וְאוֹמֵר חוֹתְמֵיהֶן** – בסוף הברכה מסיים בחתימה של ברכת זיכרונות "ברוך את ה' זוכר הברית", וברכת שופרות "ברוך אתה ה' שומע קול תרועת עמו ישראל ברחמים".

ר' יהודה	חכמים		
		1	גואל ישראל
רעב כי יהיה	זכרונות	2	זוכר נשכחות
על דברי הבצרות	שופרות	3	שומע תרועה
אל ה' בצרתה לי קראתי ויענני		4	שומע צעקה
אשא עיני אל ההרים		5	שומע תפילה
ממעמקים קראתיך ה'		6	העונה בעת צרה
תפלה לעני כי יעטוף		7	המרחם על הארץ

ד עַל הָרִאשׁוֹנָה הוּא אוֹמֵר:
"מִי שֶׁעָנָה אֶת אַבְרָהָם בְּהַר הַמּוֹרִיָּה,
הוּא יַעֲנֶה אֶתְכֶם וְיִשְׁמַע בְּקוֹל צַעֲקַתְכֶם הַיּוֹם הַזֶּה.
בָּרוּךְ אַתָּה ה' גּוֹאֵל יִשְׂרָאֵל".

עַל הַשְּׁנִיָּה הוּא אוֹמֵר:
"מִי שֶׁעָנָה אֶת אֲבוֹתֵינוּ עַל יַם סוּף,
הוּא יַעֲנֶה אֶתְכֶם וְיִשְׁמַע קוֹל צַעֲקַתְכֶם הַיּוֹם הַזֶּה.
בָּרוּךְ אַתָּה ה' זוֹכֵר הַנִּשְׁכָּחוֹת".

עַל הַשְּׁלִישִׁית הוּא אוֹמֵר:
"מִי שֶׁעָנָה אֶת יְהוֹשֻׁעַ בַּגִּלְגָּל,
הוּא יַעֲנֶה אֶתְכֶם וְיִשְׁמַע קוֹל צַעֲקַתְכֶם הַיּוֹם הַזֶּה.
בָּרוּךְ אַתָּה ה' שׁוֹמֵעַ תְּרוּעָה".

עַל הָרְבִיעִית הוּא אוֹמֵר:
"מִי שֶׁעָנָה אֶת שְׁמוּאֵל בַּמִּצְפָּה,
הוּא יַעֲנֶה אֶתְכֶם וְיִשְׁמַע בְּקוֹל צַעֲקַתְכֶם הַיּוֹם הַזֶּה.
בָּרוּךְ אַתָּה ה' שׁוֹמֵעַ צְעָקָה".

עַל הַחֲמִישִׁית הוּא אוֹמֵר:
"מִי שֶׁעָנָה אֶת אֵלִיָּהוּ בְּהַר הַכַּרְמֶל,
הוּא יַעֲנֶה אֶתְכֶם וְיִשְׁמַע בְּקוֹל צַעֲקַתְכֶם הַיּוֹם הַזֶּה.
בָּרוּךְ אַתָּה ה' שׁוֹמֵעַ תְּפִלָּה".

עַל הַשִּׁשִּׁית הוּא אוֹמֵר:

"מִי שֶׁעָנָה אֶת יוֹנָה מִמְּעֵי הַדָּגָה,
הוּא יַעֲנֶה אֶתְכֶם וְיִשְׁמַע בְּקוֹל צַעֲקַתְכֶם הַיּוֹם הַזֶּה.
בָּרוּךְ אַתָּה ה' הָעוֹנֶה בְּעֵת צָרָה".

עַל הַשְּׁבִיעִית הוּא אוֹמֵר:

"מִי שֶׁעָנָה אֶת דָּוִד וְאֶת שְׁלֹמֹה בְנוֹ בִּירוּשָׁלַיִם,
הוּא יַעֲנֶה אֶתְכֶם וְיִשְׁמַע בְּקוֹל צַעֲקַתְכֶם הַיּוֹם הַזֶּה.
בָּרוּךְ אַתָּה ה' הַמְרַחֵם עַל הָאָרֶץ".

רבי עובדיה מברטנורה

עַל הָרִאשׁוֹנָה. בְּ"גוֹאֵל יִשְׂרָאֵל" הוּא מַתְחִיל לְהַאֲרִיךְ. וְאַף עַל פִּי שֶׁאֵינָהּ מִמִּנְיַן שֵׁשׁ – קוֹרֵא אוֹתָהּ רִאשׁוֹנָה, לְפִי שֶׁבָּהּ מַתְחִיל לְהוֹסִיף וּלְהַאֲרִיךְ. **עַל הַשְּׁבִיעִית** לַבְּרָכוֹת שֶׁמַּאֲרִיךְ בָּהֶן. אֲבָל הַבְּרָכוֹת שֶׁמּוֹסִיפִין בִּשְׁבִיל הַתַּעֲנִית – אֵינָן אֶלָּא שֵׁשׁ, שֶׁבְּרָכָה רִאשׁוֹנָה שֶׁהִיא "גּוֹאֵל יִשְׂרָאֵל" דִּשְׁמֹנֶה עֶשְׂרֵה הִיא, אֶלָּא שֶׁמַּאֲרִיךְ בָּהּ.

מִי שֶׁעָנָה אֶת דָּוִד וְאֶת שְׁלֹמֹה בְנוֹ. וְאַף עַל גַּב דְּיוֹנָה בָּתַר דָּוִד וּשְׁלֹמֹה הָיָה – מִכָּל מָקוֹם מַקְדִּים לֵיהּ בְּרֵישָׁא, מִשּׁוּם דְּבָעֵי לְמֶחְתַּם בְּסוֹף הַבְּרָכוֹת **בָּרוּךְ הַמְרַחֵם עַל הָאָרֶץ**, וְדָוִד וּשְׁלֹמֹה בְנוֹ הֵם שֶׁהִתְפַּלְּלוּ עַל אֶרֶץ יִשְׂרָאֵל. דָּוִד, "וַיְהִי רָעָב בִּימֵי דָוִד" כּו' (שמואל ב כא, א) וּשְׁלֹמֹה, "רָעָב כִּי יִהְיֶה בָאָרֶץ" (מלכים א ח, לז).

במשנה זו מובא נוסח החתימה שהיו אומרים בכל ברכה משש הברכות שהיו מוסיפים בתפילה.

את הברכות היו אומרים בין "גואל ישראל" ל"רפאנו". את ברכת "גואל ישראל" היו מסיימים בעניינים הקשורים לתענית, והיא נקראת במשנה זו הברכה הראשונה.

ברכות אלו מזכירות את אבות האומה שה' הציל במשך השנים: אברהם אבינו, עם ישראל על ים סוף, יהושע בגלגל, שמואל במצפה, אליהו בהר הכרמל, יונה במעי הדגה, דוד ושלמה.

עַל הָרִאשׁוֹנָה, הברכה הראשונה מהברכות המיוחדות לתענית, והיא ברכת הגאולה, הברכה השביעית בתפילת עמידה, ואחריה מוסיפים עוד שש ברכות מיוחדות, **הוּא אוֹמֵר: "מִי שֶׁעָנָה אֶת אַבְרָהָם בְּהַר הַמּוֹרִיָּה,** בעת עקדת יצחק, **הוּא יַעֲנֶה אֶתְכֶם וְיִשְׁמַע בְּקוֹל צַעֲקַתְכֶם הַיּוֹם הַזֶּה. בָּרוּךְ אַתָּה ה' גּוֹאֵל יִשְׂרָאֵל",** וכיוון שנגאל יצחק - ניצלו כל ישראל ולכן מסיים "גואל ישראל".

עַל הַשְּׁנִיָּה, שהיא הברכה הראשונה משש הברכות שמוסיפים בתענית, והיא ברכת זיכרונות (ראה משנה קודמת), **הוּא אוֹמֵר: "מִי שֶׁעָנָה אֶת אֲבוֹתֵינוּ עַל יַם סוּף, הוּא יַעֲנֶה אֶתְכֶם וְיִשְׁמַע קוֹל צַעֲקַתְכֶם הַיּוֹם הַזֶּה. בָּרוּךְ אַתָּה ה' זוֹכֵר הַנִּשְׁכָּחוֹת",** ביציאת מצרים נאמר (שמות ב, כד): "וישמע אלהים את נאקתם ויזכור אלהים את בריתו" וכו'.

עַל הַשְּׁלִישִׁית, שהיא ברכת שופרות (ראה משנה קודמת), **הוּא אוֹמֵר: "מִי שֶׁעָנָה אֶת יְהוֹשֻׁעַ בַּגִּלְגָּל, הוּא יַעֲנֶה אֶתְכֶם וְיִשְׁמַע קוֹל צַעֲקַתְכֶם הַיּוֹם הַזֶּה. בָּרוּךְ אַתָּה ה' שׁוֹמֵעַ תְּרוּעָה",** יהושע נענה בשופרות כאשר כבש את יריחו.

עַל הָרְבִיעִית הוּא אוֹמֵר: "מִי שֶׁעָנָה אֶת שְׁמוּאֵל בַּמִּצְפָּה, הוּא יַעֲנֶה אֶתְכֶם וְיִשְׁמַע בְּקוֹל צַעֲקַתְכֶם הַיּוֹם הַזֶּה. בָּרוּךְ אַתָּה ה' שׁוֹמֵעַ צְעָקָה", שמואל זעק אל ה' וישראל ניצחו את פלשתים.

עַל הַחֲמִישִׁית הוּא אוֹמֵר: "מִי שֶׁעָנָה אֶת אֵלִיָּהוּ בְּהַר הַכַּרְמֶל, הוּא יַעֲנֶה אֶתְכֶם וְיִשְׁמַע בְּקוֹל צַעֲקַתְכֶם הַיּוֹם הַזֶּה. בָּרוּךְ אַתָּה ה' שׁוֹמֵעַ תְּפִלָּה", אליהו

התפלל לה' שיעשה נס ויוכיח לעובדי הבעל כי "ה' הוא האלהים".

עַל הַשִּׁשִּׁית הוּא אוֹמֵר: "מִי שֶׁעָנָה אֶת יוֹנָה מִמְּעֵי הַדָּגָה, הוּא יַעֲנֶה אֶתְכֶם וְיִשְׁמַע בְּקוֹל צַעֲקַתְכֶם הַיּוֹם הַזֶּה. בָּרוּךְ אַתָּה ה' הָעוֹנֶה בְּעֵת צָרָה", כשהדג בלע את יונה, יונה התפלל לה' שיציל אותו מצרתו.

עַל הַשְּׁבִיעִית, והיא השישית משש הברכות שמוסיף בתענית, **הוּא אוֹמֵר: "מִי שֶׁעָנָה אֶת דָּוִד וְאֶת שְׁלֹמֹה בְנוֹ בִּירוּשָׁלַיִם, הוּא יַעֲנֶה אֶתְכֶם וְיִשְׁמַע בְּקוֹל צַעֲקַתְכֶם הַיּוֹם הַזֶּה. בָּרוּךְ אַתָּה ה' הַמְרַחֵם עַל הָאָרֶץ"**, ה' שמע לתפילת דוד כשהיה רעב בארץ, ושלמה התפלל בחנוכת המקדש שה' ישמע למי שמתפלל שייפסק הרעב. וממשיכים "רפאנו" ושאר התפילה.

בטור (סי' תקעט) כתב שאחרי כל ברכה היו תוקעים בשופר ומוסיפים י"ג מידות של רחמים ועוד פסוקים, ויש אומרים שהיו תוקעים בשופר רק במקדש (ראה משנה הבאה).

ה מַעֲשֶׂה בִּימֵי רַבִּי חֲלַפְתָּא וְרַבִּי חֲנַנְיָה בֶּן תְּרַדְיוֹן,
שֶׁעָבַר אֶחָד לִפְנֵי הַתֵּבָה וְגָמַר אֶת הַבְּרָכָה כֻּלָּהּ,
וְלֹא עָנוּ אַחֲרָיו: "אָמֵן".

"תִּקְעוּ הַכֹּהֲנִים, תִּקְעוּ!
מִי שֶׁעָנָה אֶת אַבְרָהָם אָבִינוּ בְּהַר הַמּוֹרִיָּה,
הוּא יַעֲנֶה אֶתְכֶם וְיִשְׁמַע בְּקוֹל צַעֲקַתְכֶם הַיּוֹם הַזֶּה.
הָרִיעוּ בְּנֵי אַהֲרֹן, הָרִיעוּ!
מִי שֶׁעָנָה אֶת אֲבוֹתֵינוּ עַל יַם סוּף,
הוּא יַעֲנֶה אֶתְכֶם וְיִשְׁמַע בְּקוֹל צַעֲקַתְכֶם הַיּוֹם הַזֶּה".

וּכְשֶׁבָּא דָּבָר אֵצֶל חֲכָמִים, אָמְרוּ:
לֹא הָיִינוּ נוֹהֲגִין כֵּן,
אֶלָּא בְּשַׁעַר הַמִּזְרָח וּבְהַר הַבַּיִת.

רבי עובדיה מברטנורה

בִּימֵי רַבִּי חֲלַפְתָּא. בְּצִפּוֹרִי הָיָה. **וְלֹא עָנוּ אַחֲרָיו "אָמֵן"** גָּרְסִינַן. לְפִי שֶׁבַּמִּקְדָּשׁ לֹא הָיוּ עוֹנִין "אָמֵן" אַחַר כָּל בְּרָכָה, אֶלָּא "בָּרוּךְ שֵׁם כְּבוֹד מַלְכוּתוֹ לְעוֹלָם וָעֶד" כִּדְאָמְרִינַן בַּגְּמָרָא בִּבְרָכוֹת פֶּרֶק הָרוֹאֶה (סג, א). וְאֵלּוּ לֹא בַּמִּקְדָּשׁ הָיוּ וְעָשׂוּ כְּדֶרֶךְ שֶׁעוֹשִׂים בַּמִּקְדָּשׁ. **תִּקְעוּ בְּנֵי אַהֲרֹן תִּקְעוּ.** חַזַּן הַכְּנֶסֶת אוֹמֵר לָהֶם כָּךְ, עַל כָּל בְּרָכָה וּבְרָכָה. **לֹא הָיִינוּ נוֹהֲגִין כֵּן** שֶׁלֹּא לַעֲנוֹת "אָמֵן", אֶלָּא "בָּרוּךְ שֵׁם כְּבוֹד מַלְכוּתוֹ לְעוֹלָם וָעֶד". **אֶלָּא בְּשַׁעַר הַמִּזְרָח.** שַׁעַר מִזְרָח שֶׁל **הַר הַבַּיִת** וְשַׁעַר הַמִּזְרָח שֶׁל עֲזָרָה. לְפִי שֶׁהָיוּ מַזְכִּירִין שֵׁם הַמְּפֹרָשׁ בַּחֲתִימַת הַבְּרָכָה וְלֹא סַגִּי בַּעֲנִיַּת "אָמֵן". וְאֵין לוֹמַר לֹא הָיוּ נוֹהֲגִין לִתְקֹעַ אֶלָּא בַּמִּקְדָּשׁ, דְּוַדַּאי תּוֹקְעִין בַּגְּבוּלִין, כִּדְמוּכָח בְּהַךְ מַסֶּכְתָּא (טז, ב) וּבְרֹאשׁ הַשָּׁנָה (כז, ב). וַהֲלָכָה כַּחֲכָמִים.

במשנה זו מובאים מנהגים שונים בנוגע לברכות שמוסיפים בתעניות.

מַעֲשֶׂה בִּימֵי רַבִּי חֲלַפְתָּא בעיר ציפורי **וְרַבִּי חֲנַנְיָה בֶּן תְּרַדְיוֹן** בעיר סיכני, **שֶׁעָבַר אֶחָד לִפְנֵי הַתֵּבָה וְגָמַר אֶת הַבְּרָכָה כֻּלָּהּ, וְלֹא עָנוּ אַחֲרָיו: "אָמֵן"**, ונהגו כמו במקדש, שעל כל ברכה היו עונים: "ברוך שם כבוד מלכותו לעולם ועד" (ראה ברכות ט, ו). וחזן בית הכנסת, הגבאי, היה אומר: **"תִּקְעוּ הַכֹּהֲנִים, תְּקָעוּ! מִי שֶׁעָנָה אֶת אַבְרָהָם אָבִינוּ בְּהַר הַמּוֹרִיָּה, הוּא יַעֲנֶה אֶתְכֶם וְיִשְׁמַע בְּקוֹל צַעֲקַתְכֶם הַיּוֹם הַזֶּה. הָרִיעוּ בְּנֵי אַהֲרֹן, הָרִיעוּ! מִי שֶׁעָנָה אֶת אֲבוֹתֵינוּ עַל יַם סוּף, הוּא יַעֲנֶה אֶתְכֶם וְיִשְׁמַע בְּקוֹל צַעֲקַתְכֶם הַיּוֹם הַזֶּה".**

וּכְשֶׁבָּא דָּבָר אֵצֶל חֲכָמִים, אָמְרוּ: לֹא הָיִינוּ נוֹהֲגִין כֵּן, שלא לענות "אמן" על כל ברכה, **אֶלָּא בְּשַׁעַר הַמִּזְרָח** של עזרת המקדש **וּבְהַר הַבַּיִת** כשבית המקדש היה קיים. ורבי חלפתא ורבי חנניה בן תרדיון היו במקדש וראו שם את סדר התפילה וחשבו שכך יש לנהוג בכל מקום (ריטב"א).

ו שָׁלֹשׁ תַּעֲנִיּוֹת הָרִאשׁוֹנוֹת –
אַנְשֵׁי מִשְׁמָר מִתְעַנִּין וְלֹא מַשְׁלִימִין,
וְאַנְשֵׁי בֵּית אָב לֹא הָיוּ מִתְעַנִּין כְּלָל.

שָׁלֹשׁ שְׁנִיּוֹת –
אַנְשֵׁי מִשְׁמָר מִתְעַנִּין וּמַשְׁלִימִין,
וְאַנְשֵׁי בֵּית אָב מִתְעַנִּין וְלֹא מַשְׁלִימִין.

שֶׁבַע אַחֲרוֹנוֹת –
אֵלּוּ וָאֵלּוּ מִתְעַנִּין וּמַשְׁלִימִין,
דִּבְרֵי רַבִּי יְהוֹשֻׁעַ.

וַחֲכָמִים אוֹמְרִים:
שָׁלֹשׁ תַּעֲנִיּוֹת הָרִאשׁוֹנוֹת –
אֵלּוּ וָאֵלּוּ לֹא הָיוּ מִתְעַנִּין כְּלָל.

שָׁלֹשׁ שְׁנִיּוֹת –
אַנְשֵׁי מִשְׁמָר מִתְעַנִּין וְלֹא מַשְׁלִימִין,
וְאַנְשֵׁי בֵּית אָב לֹא הָיוּ מִתְעַנִּין כְּלָל.

שֶׁבַע אַחֲרוֹנוֹת –
אַנְשֵׁי מִשְׁמָר מִתְעַנִּין וּמַשְׁלִימִין,
וְאַנְשֵׁי בֵּית אָב מִתְעַנִּין וְלֹא מַשְׁלִימִין.

רבי עובדיה מברטנורה

אַנְשֵׁי מִשְׁמָר. כ״ד מִשְׁמְרוֹת כְּהֻנָּה הָיוּ, כָּל מִשְׁמָר עוֹבֵד בַּשַּׁבָּת שֶׁלּוֹ. **אַנְשֵׁי בֵּית אָב.** הַמִּשְׁמָר מִתְחַלֵּק לְשִׁבְעָה בָּתֵּי אָבוֹת כְּמִנְיַן יְמוֹת הַשָּׁבוּעַ, כָּל אֶחָד עוֹבֵד יוֹמוֹ. **מִתְעַנִּין וְלֹא מַשְׁלִימִין.** שֶׁתַּעֲנִיּוֹת הָרִאשׁוֹנוֹת אֵינָן חֲמוּרִין כָּל כָּךְ, וּלְפִיכָךְ אֵין מַשְׁלִימִין, שֶׁאִם תִּכְבַּד הָעֲבוֹדָה עַל אַנְשֵׁי בֵּית אָב שֶׁהָיוּ עוֹבְדִין אוֹתוֹ הַיּוֹם – יָבוֹאוּ אֵלּוּ לְסַיְּעָן וִיהֵא בָּהֶן כֹּחַ לַעֲבֹד.

את הכוהנים חילקו ל-24 משמרות. בכל שבוע משמרת אחת הייתה עולה לבית המקדש לעבודת המקדש, וחילקו כל משמרת ל-7 קבוצות, כל קבוצה נקראת "בית אב" והיא הייתה אחראית לעבודת בית המקדש יום אחד באותו שבוע, ובמקרה של עומס עבודה במקדש כל כוהני המשמרת היו עוזרים לבית האב בעבודה.

כדי שיוכלו לעבוד במקדש כרגיל וכדי שלא ייחלש גופם בתעניות, חכמים הקלו להם, ובמשנה זו מבואר כיצד נהגו המשמרות ובתי האב בזמן הצומות.

שָׁלֹשׁ תַּעֲנִיּוֹת הָרִאשׁוֹנוֹת - אַנְשֵׁי מִשְׁמָר, של אותו השבוע, **מִתְעַנִּין וְלֹא מַשְׁלִימִין,** היו אוכלים לפני סוף הצום, לפני רדת החשֵׁכה, **וְאַנְשֵׁי בֵית אָב,** שעובדים בפועל באותו היום, **לֹא הָיוּ מִתְעַנִּין כְּלָל.**

שָׁלֹשׁ תעניות **שְׁנִיּוֹת,** שהן חמורות יותר - **אַנְשֵׁי מִשְׁמָר מִתְעַנִּין וּמַשְׁלִימִין,** מתענים את כל הצום **וְאַנְשֵׁי בֵית אָב מִתְעַנִּין וְלֹא מַשְׁלִימִין.**

שֶׁבַע תעניות **אַחֲרוֹנוֹת,** שהן החמורות ביותר - **אֵלּוּ וָאֵלּוּ מִתְעַנִּין וּמַשְׁלִימִין, דִּבְרֵי רַבִּי יְהוֹשֻׁעַ.**

וַחֲכָמִים אוֹמְרִים שיש להקל יותר על הכוהנים העובדים במקדש: **שָׁלֹשׁ תַּעֲנִיּוֹת הָרִאשׁוֹנוֹת – אֵלּוּ וָאֵלּוּ לֹא הָיוּ מִתְעַנִּין כְּלָל.**

שָׁלֹשׁ תעניות **שְׁנִיּוֹת – אַנְשֵׁי מִשְׁמָר מִתְעַנִּין וְלֹא מַשְׁלִימִין, וְאַנְשֵׁי בֵּית אָב לֹא הָיוּ מִתְעַנִּין כְּלָל.**

שֶׁבַע תעניות **אַחֲרוֹנוֹת,** שהן החמורות ביותר - **אַנְשֵׁי מִשְׁמָר מִתְעַנִּין וּמַשְׁלִימִין, וְאַנְשֵׁי בֵּית אָב מִתְעַנִּין וְלֹא מַשְׁלִימִין.**

ז **אַנְשֵׁי מִשְׁמָר מֻתָּרִים לִשְׁתּוֹת יַיִן בַּלֵּילוֹת,**
אֲבָל לֹא בַּיָּמִים,
וְאַנְשֵׁי בֵּית אָב –
לֹא בַּיּוֹם וְלֹא בַּלַּיְלָה.

אַנְשֵׁי מִשְׁמָר וְאַנְשֵׁי מַעֲמָד אֲסוּרִין מִלְּסַפֵּר וּמִלְּכַבֵּס,
וּבַחֲמִישִׁי מֻתָּרִין מִפְּנֵי כְבוֹד הַשַּׁבָּת.

רבי עובדיה מברטנורה

אַנְשֵׁי מִשְׁמָר מֻתָּרִים לִשְׁתּוֹת יַיִן. לָאו גַּבֵּי תַּעֲנִית קָאֵי, אֶלָּא אַיְּדֵי דְּאָיְרֵי בִּבְנֵי מִשְׁמָר – מַיְתֵי לָהּ הָכָא. **בַּלֵּילוֹת.** שֶׁאֵין לָחוּשׁ שֶׁמָּא תִּכְבַּד הָעֲבוֹדָה עַל אַנְשֵׁי בֵּית אָב בַּלַּיְלָה וְיִצְטָרְכוּ אֵלּוּ לָבֹא לְסַיְּעָם. **לֹא בַּיּוֹם וְלֹא בַּלַּיְלָה.** לְפִי שֶׁהָיוּ צְרִיכִין לְהַעֲלוֹת כָּל הַלַּיְלָה אֵבָרִים וּפְדָרִים שֶׁפָּקְעוּ מֵעַל הַמִּזְבֵּחַ. **אַנְשֵׁי מַעֲמָד.** הֵם יִשְׂרְאֵלִים הַקְּבוּעִים בִּירוּשָׁלַיִם וְעוֹמְדִים עַל קָרְבַּן אֲחֵיהֶם וּמִתְפַּלְּלִין שֶׁיְּהֵא מְקֻבָּל בְּרָצוֹן. וְעוֹמְדִים שָׁם בִּשְׁעַת הָעֲבוֹדָה שְׁלוּחִים מִכָּל יִשְׂרָאֵל, דְּהֵיאָךְ קָרְבָּנוֹ שֶׁל אָדָם קָרֵב וְהוּא אֵינוֹ עוֹמֵד עַל גַּבָּיו?! וְהַכָּתוּב אוֹמֵר (במדבר כח, ב): "תִּשְׁמְרוּ לְהַקְרִיב לִי בְּמוֹעֲדוֹ", לְיִשְׂרָאֵל – מִצְוָה שֶׁיַּעַמְדוּ עַל הַכֹּהֲנִים בִּשְׁעַת עֲבוֹדָה. **אֲסוּרִים לְסַפֵּר וּלְכַבֵּס** מִשֶּׁנִּכְנְסוּ לְמִשְׁמַרְתָּם, כָּל אוֹתָהּ שַׁבָּת, כְּדֵי שֶׁיְּסַפְּרוּ קֹדֶם לָכֵן וְלֹא יִכָּנְסוּ לְמִשְׁמַרְתָּן כְּשֶׁהֵן מְנֻוָּלִים. **וּבַחֲמִישִׁי** שֶׁבְּתוֹךְ מִשְׁמַרְתָּן. **מֻתָּרִים.** שֶׁדֶּרֶךְ [רֹב] בְּנֵי אָדָם לְסַפֵּר בַּחֲמִישִׁי וְאֵין מַמְתִּינִין לְסַפֵּר בְּעֶרֶב שַׁבָּת, מִפְּנֵי הַטֹּרַח.

מתוך שדנו בדיני המשמרות ובתי האב, במשנה זו מבארים הלכות נוספות הנוגעות אליהם.

נאמר בתורה (ויקרא י, ט) שלכוהנים ששתו יין אסור לעבוד במקדש, לכן **אַנְשֵׁי מִשְׁמָר**, שעולים עם משמרתם לירושלים למקדש, **מֻתָּרִים לִשְׁתּוֹת יַיִן בַּלֵּילוֹת**, שאינו זמן עבודה, **אֲבָל לֹא בַּיָּמִים**, שמא יהיה עומס בעבודות המקדש ויצטרכו את עזרתם, ולכן עליהם להיות מוכנים לעבודה בכל רגע.

וְאַנְשֵׁי בֵּית אָב, שעובדים באותו יום במקדש - אסורים בשתיית יין **לֹא בַּיּוֹם וְלֹא בַּלַּיְלָה,** שכן גם בלילה יש מעט עבודות במקדש, כגון העלאת איברים למזבח.

כדרך שחילקו את הכוהנים כך חילקו את ישראל ל-24 מעמדות. מתוכם, הקרובים לירושלים נקבצו במקדש (מכאן השם מעמד - הם דומים לאדם המביא קרבן ועומד על קרבנו), והשאר שאינם קרובים נקבצו בעריהם בבתי הכנסת..

אַנְשֵׁי מִשְׁמָר וְאַנְשֵׁי מַעֲמָד אֲסוּרִין מִלְּסַפֵּר וּמִלְּכַבֵּס, כדי שיתכוננו מראש למשמרת שלהם ויבואו למקדש בצורה מכובדת כשהם מסופרים ובגדיהם מכובסים, **וּבַחֲמִישִׁי מֻתָּרִין מִפְּנֵי כְּבוֹד הַשַּׁבָּת,** לפי שרוב האנשים מתחילים את ההכנות לשבת ביום חמישי.

ח כָּל הַכָּתוּב בִּמְגִלַּת תַּעֲנִית "דְּלָא לְמִסְפַּד" –
לְפָנָיו אָסוּר, לְאַחֲרָיו מֻתָּר,
רַבִּי יוֹסֵי אוֹמֵר:
לְפָנָיו וּלְאַחֲרָיו אָסוּר.

"דְּלָא לְהִתְעַנָּאָה בְּהוֹן" –
לְפָנָיו וּלְאַחֲרָיו מֻתָּר,
רַבִּי יוֹסֵי אוֹמֵר:
לְפָנָיו אָסוּר, לְאַחֲרָיו מֻתָּר.

רבי עובדיה מברטנורה

כָּל הַכָּתוּב בִּמְגִלַּת תַּעֲנִית. יָמִים שֶׁנַּעֲשׂוּ בָּהֶם נִסִּים לְיִשְׂרָאֵל בְּבַיִת שֵׁנִי וְקָבְעוּ יָמִים טוֹבִים. אִית יוֹמָא **דְּלָא לְהִתְעַנָּאָה** בְּהוֹן בִּלְבַד. וְאִית יוֹמֵי דַּחֲמִירֵי טְפֵי, **דְּלָא לְמִסְפַּד** בְּהוֹן. וְאוֹתָן שֶׁהֵן חֲמוּרִים וַאֲסוּרִים בְּהֶסְפֵּד – **לְפָנָיו אָסוּר** בְּהֶסְפֵּד, דִּלְמָא אָתֵי לְמֶעְבַּד הָכִי בְּיוֹם טוֹב גּוּפֵיהּ. **לְאַחֲרָיו מֻתָּר.** דְּכֵיוָן דְּעָבַר יוֹם טוֹב – לָא חָיְשִׁינַן. וַאֲנַן קַיְמָא לָן דְּבָטְלָה מְגִלַּת תַּעֲנִית, וְכָל אוֹתָן הַיָּמִים הַכְּתוּבִים שָׁם דְּלָא לְהִתְעַנָּאָה וּדְלָא לְמִסְפַּד – כֻּלָּן מֻתָּרִין בְּהֶסְפֵּד וְתַעֲנִית, חוּץ מֵחֲנֻכָּה וּפוּרִים שֶׁאֲסוּרִין בְּהֶסְפֵּד וְתַעֲנִית. וְיָמִים שֶׁלִּפְנֵיהֶם וְאַחֲרֵיהֶם – מֻתָּר.

בתקופת בית המקדש השני הייתה 'מגילת תענית' ובה היו כתובים ימי שמחה, כגון ימים שנעשו בהם ניסים לישראל. חלק מהימים אסורים בתענית וחלק גם בהספד על מת. במשנה זו מבואר דינם של ימים אלה.

בזמן מאוחר יותר ביטלו מגילה זו ונותרו רק חנוכה ופורים מימי השמחה, מלבד מה שכתוב בפירוש בתורה.

כָּל הַכָּתוּב בִּמְגִלַּת תַּעֲנִית "דְּלָא לְמִסְפַּד" – ביום **שֶׁלְּפָנָיו אָסוּר** להספיד על מת, שמא יספיד גם בתוך היום-טוב, אך **לְאַחֲרָיו מֻתָּר**, שכיוון שעבר היום אין חשש.

רַבִּי יוֹסֵי אוֹמֵר: לְפָנָיו וּלְאַחֲרָיו אָסוּר, וסבר ששמחתו של היום נמשכת גם לאחריו.

וימים ששמחתם פחותה וכתוב עליהם במגילת תענית **"דְּלָא לְהִתְעַנָּאָה בְּהוֹן"** – אסור להתענות בהם, אך **לְפָנָיו וּלְאַחֲרָיו מֻתָּר**, ולא חששו שייגררו בתעניתם ליום טוב.

רַבִּי יוֹסֵי אוֹמֵר: לְפָנָיו אָסוּר להתענות, שיש לחוש שמא ייגררו בתעניתם ליום טוב, אך **לְאַחֲרָיו מֻתָּר.**

ט **אֵין גּוֹזְרִין תַּעֲנִית עַל הַצִּבּוּר בַּתְּחִלָּה בַּחֲמִישִׁי,**
שֶׁלֹּא לְהַפְקִיעַ הַשְּׁעָרִים,
אֶלָּא שָׁלֹשׁ תַּעֲנִיּוֹת הָרִאשׁוֹנוֹת –
שֵׁנִי וַחֲמִישִׁי וְשֵׁנִי,
וְשָׁלֹשׁ שְׁנִיּוֹת –
חֲמִישִׁי שֵׁנִי וַחֲמִישִׁי.
רַבִּי יוֹסֵי אוֹמֵר:
כְּשֵׁם שֶׁאֵין הָרִאשׁוֹנוֹת בַּחֲמִישִׁי –
כָּךְ לֹא שְׁנִיּוֹת וְלֹא אַחֲרוֹנוֹת.

רבי עובדיה מברטנורה

שֶׁלֹּא לְהַפְקִיעַ אֶת הַשְּׁעָרִים. כְּשֶׁרוֹאִין בַּעֲלֵי חֲנֻיּוֹת שֶׁקּוֹנִין לְמוֹצָאֵי חֲמִישִׁי שְׁתֵּי סְעוּדוֹת גְּדוֹלוֹת, אַחַת לְלֵיל הַתַּעֲנִית וְאַחַת לַשַּׁבָּת – יִהְיוּ סְבוּרִין שֶׁבָּא רָעָב לָעוֹלָם, וּמְיַקְּרִין וּמַפְקִיעִין הַשַּׁעַר. אֲבָל מִשֶּׁהִתְחִילוּ לְהִתְעַנּוֹת בְּשֵׁנִי – יוֹדְעִים שֶׁאֵינוֹ אֶלָּא מִפְּנֵי הַתַּעֲנִית. פֵּרוּשׁ אַחֵר: שֶׁלֹּא יֹאמְרוּ: "אִם לֹא שֶׁרָאוּ בֵּית דִּין שֶׁהָרָעָב בָּא – לֹא הָיוּ דּוֹחֲקִים לִגְזֹר תַּעֲנִית עַתָּה סָמוּךְ לַשַּׁבָּת", וּמִפְּנֵי כֵּן יְיַקְּרוּ וְיַפְקִיעוּ הַשַּׁעַר.

במשנה זו מבואר מתי מותר ומתי אסור לגזור תעניות על הציבור.

אֵין גּוֹזְרִין תַּעֲנִית עַל הַצִּבּוּר, בעת עצירת גשמים או בשעת צרה אחרת, **בַּתְּחִלָּה בַּחֲמִישִׁי, שֶׁלֹּא לְהַפְקִיעַ הַשְּׁעָרִים,** שהמוכרים יסברו שגזרו תענית סמוך לשבת כי הצרה גדולה ועומדים לפני רעב ויעלו את מחירי המזון, וחכמים לא רצו להכביד על הציבור ולא לגרום להעלאת מחירי המזון.

אֶלָּא הסדר של **שָׁלֹשׁ תַּעֲנִיּוֹת הָרִאשׁוֹנוֹת** הוא **שֵׁנִי וַחֲמִישִׁי וְשֵׁנִי, וְשָׁלֹשׁ שְׁנִיּוֹת – חֲמִישִׁי שֵׁנִי וַחֲמִישִׁי,** שכיוון שהיו כבר תעניות, המוכרים יודעים שאין רעב, והתענית היא רק מפני עצירת הגשמים או צרה אחרת.

רַבִּי יוֹסֵי אוֹמֵר: כְּשֵׁם שֶׁאֵין הָרִאשׁוֹנוֹת בַּחֲמִישִׁי – כָּךְ לֹא שְׁנִיּוֹת וְלֹא אַחֲרוֹנוֹת, ולדעתו יש חשש להפקעת שערים גם בהמשך התעניות.

לחם אחיד
1 ב-30₪ 2 ב-50₪

י אֵין גּוֹזְרִין תַּעֲנִית עַל הַצִּבּוּר
בְּרֹאשׁ חֹדֶשׁ, בַּחֲנֻכָּה וּבַפּוּרִים.
וְאִם הִתְחִילוּ – אֵין מַפְסִיקִין,
דִּבְרֵי רַבָּן גַּמְלִיאֵל.
אָמַר רַבִּי מֵאִיר:
אַף עַל פִּי שֶׁאָמַר רַבָּן גַּמְלִיאֵל אֵין מַפְסִיקִין,
מוֹדֶה הָיָה שֶׁאֵין מַשְׁלִימִין.
וְכֵן תִּשְׁעָה בְּאָב שֶׁחָל לִהְיוֹת בְּעֶרֶב שַׁבָּת.

רבי עובדיה מברטנורה

וְאִם הִתְחִילוּ. שֶׁגָּזְרוּ הַתַּעֲנִיּוֹת קֹדֶם לָכֵן **וְהִתְחִילוּ** לְהִתְעַנּוֹת עַל הַצָּרָה אֲפִלּוּ יוֹם אֶחָד וּפָגַע בָּהֶן אֶחָד מֵאֵלּוּ הַיָּמִים – **אֵין מַפְסִיקִין. מוֹדֶה הוּא שֶׁאֵין מַשְׁלִימִין.** לְהִתְעַנּוֹת בָּהֶן כָּל הַיּוֹם, אֶלָּא אוֹכֵל בָּעֶרֶב סָמוּךְ לִשְׁקִיעַת הַחַמָּה. **וְכֵן תִּשְׁעָה בְּאָב שֶׁחָל לִהְיוֹת בְּעֶרֶב שַׁבָּת.** כְּגוֹן בִּזְמַן שֶׁהָיוּ בֵּית דִּין קוֹבְעִים עַל פִּי הָרְאִיָּה, אוֹכֵל בָּעֶרֶב סָמוּךְ לִשְׁקִיעַת הַחַמָּה, מִפְּנֵי כְּבוֹד הַשַּׁבָּת שֶׁלֹּא יִכָּנֵס לַשַּׁבָּת כְּשֶׁהוּא רָעֵב. וְאֵין הֲלָכָה כְּר׳ מֵאִיר, אֶלָּא מִתְעַנִּין וּמַשְׁלִימִין. וְכֵן **תִּשְׁעָה בְּאָב שֶׁחָל לִהְיוֹת בְּעֶרֶב שַׁבָּת** – מִתְעַנֶּה וּמַשְׁלִים.

במשנה זו מבואר באלו ימים אסור להתענות.

אֵין גּוֹזְרִין תַּעֲנִית עַל הַצִּבּוּר בְּרֹאשׁ חֹדֶשׁ, שהוא מועד, **בַּחֲנֻכָּה וּבַפּוּרִים,** שהם ימי שמחה.

וְאִם הִתְחִילוּ ביום שני סדר של תעניות על צרה, וביום חמישי היה ראש חודש - **אֵין מַפְסִיקִין** את התענית, **דִּבְרֵי רַבָּן גַּמְלִיאֵל.**

אָמַר רַבִּי מֵאִיר: אַף עַל פִּי שֶׁאָמַר רַבָּן גַּמְלִיאֵל אֵין מַפְסִיקִין, מוֹדֶה הָיָה שֶׁאֵין מַשְׁלִימִין את התענית אלא אוכלים לפני סוף היום.

וְכֵן תִּשְׁעָה בְּאָב שֶׁחָל לִהְיוֹת בְּעֶרֶב שַׁבָּת, אין משלימים את הצום שביום שישי כדי שלא ייכנסו לשבת כשהם רעבים.

נציין כי לפי הלוח שתיקן הלל השני (חי בימי האמוראים ומצאצאי רבי יהודה הנשיא) שעל פיו אנחנו נוהגים היום, תשעה באב לא יחול בערב שבת.

פרק שלישי

בפרק זה מובאים מקרים נוספים שבהם הציבור מתענים מלבד עצירת גשמים: שינוי בגידול הצמחים, התחילו גשמים ופסקו, ירדו גשמים בכל הארץ מלבד עיר אחת, עיר שיש בה דֶבֶר או מפולת, פגעים נוספים בגידול התבואה וצרות נוספות שיכולות לבוא ח"ו. מתוך כך מביאים את המעשה בחוני המעגל ותפילתו על הגשמים, ומסיימים במקרה שהתענו על הגשמים ונענו וירדו גשמים באותו היום, אם מסיימים את התענית או לא.

א סֵדֶר תַּעֲנִיּוֹת אֵלּוּ הָאָמוּר –
בִּרְבִיעָה רִאשׁוֹנָה.
אֲבָל צְמָחִים שֶׁשָּׁנוּ –
מַתְרִיעִין עֲלֵיהֶם מִיָּד.

וְכֵן שֶׁפָּסְקוּ גְּשָׁמִים בֵּין גֶּשֶׁם לְגֶשֶׁם אַרְבָּעִים יוֹם –
מַתְרִיעִין עֲלֵיהֶם מִיָּד,
מִפְּנֵי שֶׁהִיא מַכַּת בַּצֹּרֶת.

רבי עובדיה מברטנורה

סֵדֶר תַּעֲנִיּוֹת הָאֵלּוּ. הָאֲמוּרִין בַּפֶּרֶק דִּלְעֵיל, אֵינוֹ אֶלָּא **בִּרְבִיעָה רִאשׁוֹנָה,** אִם עָבְרוּ שְׁלֹשָׁה זְמַנִּין שֶׁל רְבִיעָה שֶׁל יוֹרֶה, שֶׁהֵם ג׳ בְּמַרְחֶשְׁוָן וְז׳ וְי״ז וְלֹא יָרְדוּ גְּשָׁמִים – אָז הָיוּ מִתְעַנִּין יְחִידִים, וְאַחַר כָּךְ מִתְעַנִּין הַצִּבּוּר י״ג תַּעֲנִיּוֹת עַל הַסֵּדֶר שֶׁאָמַר. **אֲבָל.** יָרְדוּ גְּשָׁמִים בְּעִתָּן וְצָמְחוּ הַזְּרָעִים וְנִשְׁתַּנּוּ, כְּמוֹ "תַּחַת חִטָּה יֵצֵא חוֹחַ, וְתַחַת שְׂעֹרָה בָאְשָׁה" (איוב לא, מ) אוֹ שִׁנּוּי אַחֵר. **מַתְרִיעִין עֲלֵיהֶם מִיָּד.** בְּתַעֲנִיּוֹת רִאשׁוֹנוֹת. שֶׁכָּל חֹמֶר הָאָמוּר בְּתַעֲנִיּוֹת הָאַחֲרוֹנוֹת – נוֹהֲגִין מִיָּד בָּרִאשׁוֹנוֹת. **בֵּין גֶּשֶׁם לְגֶשֶׁם.** בֵּין רְבִיעָה רִאשׁוֹנָה לִשְׁנִיָּה. **מַכַּת בַּצֹּרֶת.** סִימַן בַּצֹּרֶת הוּא.

עד כה עסקה המשנה בתעניות על עצירת גשמים, ומשנה זו מלמדת שמתענים גם אם ירדו גשמים אך היה שינוי בגידול הצמחים או שירדו גשמים בזמן ואז פסקו.

סֵדֶר תַּעֲנִיּוֹת אֵלּוּ הָאָמוּר, שנשנו בפרקים הקודמים – **בִּרְבִיעָה רִאשׁוֹנָה,** אם לא ירדו גשמים עד י״ז במרחשוון כמבואר לעיל א, ד.

אֲבָל צְמָחִים שֶׁשָּׁנוּ, כלומר ירדו גשמים בזמנם אך היה שינוי בגידול הצמחים, כגון שבחיטה לא היו גרעינים – **מַתְרִיעִין עֲלֵיהֶם מִיָּד,** קובעים תעניות חמורות.

וְכֵן שֶׁפָּסְקוּ גְשָׁמִים בֵּין גֶּשֶׁם לְגֶשֶׁם, ירדו גשמים ברביעה ראשונה אך פסקו ולא ירדו במשך **אַרְבָּעִים יוֹם,** שכיוון שהצמחים השרישו, אם לא ירדו עוד גשמים כל התבואה תתקלקל - **מַתְרִיעִין עֲלֵיהֶם מִיָּד,** וקובעים תעניות ונוהגים בהן כחומרת התעניות האחרונות של עצירת גשמים, **מִפְּנֵי שֶׁהִיא מַכַּת בַּצֹּרֶת,** כלומר במקרה כזה יש ודאי בצורת, בניגוד למקרה שלא ירדו גשמים, שיש ספק שמא ירדו גשמים בהמשך החורף ולא תהיה בצורת.

ב **יָרְדוּ לַצְּמָחִין, אֲבָל לֹא יָרְדוּ לָאִילָן,
לָאִילָן וְלֹא לַצְּמָחִים,
לָזֶה וְלָזֶה אֲבָל לֹא לַבּוֹרוֹת לַשִּׁיחִין וְלַמְּעָרוֹת -
מַתְרִיעִין עֲלֵיהֶן מִיָּד.**

רבי עובדיה מברטנורה

יָרְדוּ לַצְּמָחִים וְלֹא לָאִילָן. כְּגוֹן שֶׁיָּרְדוּ בְּנַחַת, שֶׁזֶּה יָפֶה לַצְּמָחִים וְלָעֲשָׂבִים וְאֵינוֹ מוֹעִיל לָאִילָנוֹת. **לָאִילָן וְלֹא לַצְּמָחִים.** שֶׁיָּרְדוּ בְּכֹחַ. **לַבּוֹרוֹת שִׁיחִין וּמְעָרוֹת.** שֶׁמַּכְנִיסִין בָּהֶן מַיִם לִשְׁתּוֹת.

במשנה זו מבואר מתי קובעים תענית על עצירת גשמים גם אם ירדו גשמים במקומות מסוימים.

יָרְדוּ גשמים בכמות המספיקה **לַצְּמָחִין, אֲבָל לֹא יָרְדוּ לָאִילָן** - כגון שירדו רק טפטופים, **לָאִילָן וְלֹא לַצְּמָחִים** - שירדו גשמים חזקים בלבד, **לָזֶה וְלָזֶה אֲבָל לֹא לַבּוֹרוֹת לַשִּׁיחִין וְלַמְּעָרוֹת,** מתקנים טבעיים או תעשייתיים שבהם אוגרים מים לכל השנה ואם לא יהיו בהם מים יהיה צמא ולא יוכלו להשקות את השדות - **מַתְרִיעִין עֲלֵיהֶן מִיָּד,** קובעים תעניות חמורות, כיוון שזהו מצב של סכנת נפשות עתידי.

ג **וְכֵן עִיר שֶׁלֹּא יָרְדוּ עָלֶיהָ גְּשָׁמִים, כַּכָּתוּב** (עמוס ד, ז):
"וְהִמְטַרְתִּי עַל עִיר אֶחָת וְעַל עִיר אַחַת לֹא אַמְטִיר,
חֶלְקָה אַחַת תִּמָּטֵר" וְגוֹ' –
אוֹתָהּ הָעִיר מִתְעַנָּה וּמַתְרַעַת,
וְכָל סְבִיבוֹתֶיהָ מִתְעַנּוֹת וְלֹא מַתְרִיעוֹת.
רַבִּי עֲקִיבָא אוֹמֵר:
מַתְרִיעוֹת וְלֹא מִתְעַנּוֹת.

רבי עובדיה מברטנורה

וְכָל סְבִיבוֹתֶיהָ מִתְעַנּוֹת. שֶׁאוֹתָהּ הָעִיר שֶׁלֹּא יָרְדוּ בָּהּ גְּשָׁמִים תֵּלֵךְ לִקְנוֹת תְּבוּאָה בָּעִיר שֶׁיָּרְדוּ בָּהּ וְיִהְיֶה רָעָב.

במשנה זו מבואר כיצד נוהגים אם יש עצירת גשמים רק בעיר אחת אך בערים שסביבה ירדו גשמים בעיתם.

וְכֵן עִיר שֶׁלֹּא יָרְדוּ עָלֶיהָ גְּשָׁמִים, כַּכָּתוּב: "וְהִמְטַרְתִּי עַל עִיר אֶחָת וְעַל עִיר אַחַת לֹא אַמְטִיר, חֶלְקָה אַחַת תִּמָּטֵר וְחֶלְקָה אֲשֶׁר לֹא תַמְטִיר עָלֶיהָ, תִּיבָשׁ", ופסוק זה נאמר בתוכחה, שזה יהיה עונש לישראל על חטאיהם, והצרה היא לכולם, כיוון שבני העיר שלא ירדו בה גשמים ילכו לקנות מזון בערים אחרות, ולא יהיה די מזון לכולם, **אוֹתָהּ הָעִיר,** שלא ירדו בה גשמים, **מִתְעַנָּה** בצום, כדין תעניות חמורות, **וּמַתְרַעַת** בשופרות ובתפילה, שאף שעל עצירת גשמים מתחילים בתעניות הקלות, כאן ברור שזו גזירה ועונש מה', **וְכָל** הערים **סְבִיבוֹתֶיהָ מִתְעַנּוֹת,** כדי להשתתף בצערם, **וְלֹא מַתְרִיעוֹת** בשופרות.

רַבִּי עֲקִיבָא אוֹמֵר: מַתְרִיעוֹת בשופרות ובתפילה, **וְלֹא מִתְעַנּוֹת.**

בירושלמי (ג, ג) אמרו שלפי חכמים יש לדמות מציאות זו ליום הכיפורים, עת חיתום הדין, שבו מתענים ואין תוקעים בשופר, ולפי ר' עקיבא יש לדמות זאת לראש השנה, עת תחילת הדין וכתיבתו, שבו תוקעים בשופר ואין מתענים.

ד וְכֵן עִיר שֶׁיֵּשׁ בָּהּ דֶּבֶר אוֹ מַפֹּלֶת –
אוֹתָהּ הָעִיר מִתְעַנָּה וּמַתְרַעַת,
וְכָל סְבִיבוֹתֶיהָ מִתְעַנּוֹת וְלֹא מַתְרִיעוֹת.
רַבִּי עֲקִיבָא אוֹמֵר:
מַתְרִיעוֹת וְלֹא מִתְעַנּוֹת.

אֵיזֶהוּ דֶּבֶר?
עִיר הַמּוֹצִיאָה חֲמֵשׁ מֵאוֹת רַגְלִי,
וְיָצְאוּ מִמֶּנָּה שְׁלֹשָׁה מֵתִים בִּשְׁלֹשָׁה יָמִים זֶה אַחַר זֶה –
הֲרֵי זֶה דֶּבֶר,
פָּחוֹת מִכָּאן – אֵין זֶה דֶּבֶר.

רבי עובדיה מברטנורה

מַפֹּלֶת. שֶׁחוֹמוֹתֶיהָ הַבְּרִיאוֹת נוֹפְלוֹת. אֲבָל רְעוּעוֹת – אֵין זוֹ מַפֹּלֶת.

במשנה זו מבואר כיצד נוהגים בעיר שיש בה דֶּבֶר או מפולת וכיצד נוהגות הערים שסביבה.

וְכֵן עִיר שֶׁיֵּשׁ בָּהּ דֶּבֶר, מוות מתוך חולי של מגֵפה, **אוֹ מַפֹּלֶת**, קירות בתי העיר נופלים בלי סיבה ברורה או מרוחות חזקות – **אוֹתָהּ הָעִיר מִתְעַנָּה וּמַתְרַעַת**, בצום ובשופרות, **וְכָל סְבִיבוֹתֶיהָ מִתְעַנּוֹת** בצום, כדי להשתתף בצערם, **וְלֹא מַתְרִיעוֹת** בשופרות.

רַבִּי עֲקִיבָא אוֹמֵר: מַתְרִיעוֹת בשופרות ובתפילה, **וְלֹא מִתְעַנּוֹת.**

אֵיזֶהוּ דֶּבֶר שמתענים ומתריעים בעקבותיו? **עִיר הַמּוֹצִיאָה חֲמֵשׁ מֵאוֹת רַגְלִי**, שיש בה 500 איש בריאים, **וְיָצְאוּ מִמֶּנָּה שְׁלֹשָׁה מֵתִים בִּשְׁלֹשָׁה יָמִים זֶה אַחַר זֶה**, מת אחד בכל יום – **הֲרֵי זֶה דֶּבֶר**. ואם מתו **פָּחוֹת מִכָּאן**, כגון כולם ביום אחד או בארבעה ימים – **אֵין זֶה דֶּבֶר**, אלא מוות נקודתי.

סכנה
מפולת!

ה **עַל אֵלּוּ מַתְרִיעִין בְּכָל מָקוֹם:**
עַל הַשִּׁדָּפוֹן וְעַל הַיֵּרָקוֹן,
עַל הָאַרְבֶּה וְעַל הֶחָסִיל וְעַל חַיָּה רָעָה וְעַל הַחֶרֶב -
מַתְרִיעִין עָלֶיהָ,
מִפְּנֵי שֶׁהִיא מַכָּה מְהַלֶּכֶת.

רבי עובדיה מברטנורה

בְּכָל מָקוֹם. וַאֲפִלּוּ הֶעָרִים הָרְחוֹקוֹת מִמֶּנָּה הַרְבֵּה, כִּדְמְפָרֵשׁ טַעֲמָא בְּסֵיפָא **מִפְּנֵי שֶׁהִיא מַכָּה מְהַלֶּכֶת. שִׁדָּפוֹן.** רוּחַ שֶׁמַּפְסִיד אֶת הַתְּבוּאָה וּמְתַרוֹקֶנֶת מִן הַזֶּרַע. **יֵרָקוֹן.** תְּבוּאָה שֶׁהִכְסִיפוּ פָּנֶיהָ. וְיֵשׁ מְפָרְשִׁים: **יֵרָקוֹן.** חֳלִי שֶׁהוֹפֵךְ פְּנֵי אָדָם כְּמַרְאֵה יֶרֶק הַשָּׂדֶה. **וְעַל חַיָּה רָעָה** שֶׁנִּרְאֵית בַּיּוֹם, בַּיִּשּׁוּב. **וְעַל הַחֶרֶב.** חֲיָלוֹת הָעוֹבְרוֹת מִמָּקוֹם לְמָקוֹם, וְאַף עַל פִּי שֶׁאֵינָם בָּאִים לְהִלָּחֵם עִם אוֹתָהּ הָעִיר.

משנה זו מביאה מקרים שעליהם יש להתענות ולהתריע בשופרות בכל מקום, ולא רק בעיר שנפגעה.

עַל אֵלּוּ מַתְרִיעִין בשופרות **בְּכָל מָקוֹם**, ולא רק בעיר שנפגעה, אלא גם בערים שסביבותיה, כיוון שאלו צרות גדולות שיכולות להתפשט: **עַל הַשִּׁדָּפוֹן**, רוח שמרוקנת את הזרעים משיבולי התבואה, **וְעַל הַיֵּרָקוֹן**, מחלה שגורמת לתבואה להתקלקל, ויש מפרשים שזו מחלה לבני אדם, **עַל הָאַרְבֶּה וְעַל הֶחָסִיל**, מיני חגבים שמגיעים בהמוניהם ואוכלים את התבואה, והחסיל נקרא כך מפני שמחסל את התבואה (רד"ק יואל א, ד) **וְעַל חַיָּה רָעָה**, שנראית בעיר ואפילו אם עדיין לא הזיקה אך יש חשש שתטרוף, **וְעַל הַחֶרֶב**, צבא זר שהגיע לעיר ואפילו אם הוא רק עובר למקום אחר, **מַתְרִיעִין עָלֶיהָ, מִפְּנֵי שֶׁהִיא מַכָּה מְהַלֶּכֶת** – צרה מתפשטת ויכולה להגיע למקומות נוספים.

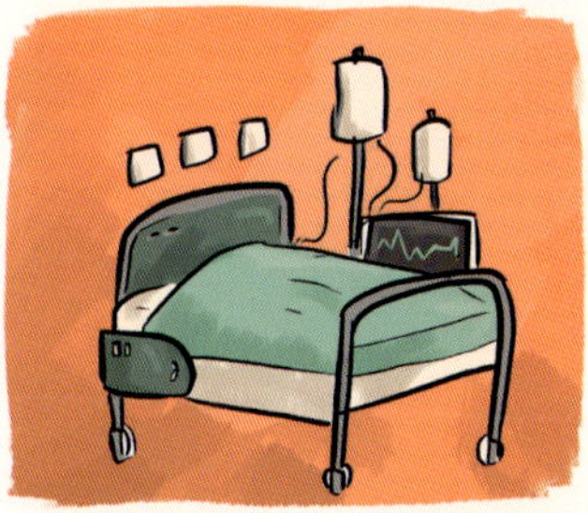

ו מַעֲשֶׂה שֶׁיָּרְדוּ זְקֵנִים מִירוּשָׁלַיִם לְעָרֵיהֶם,
וְגָזְרוּ תַּעֲנִית
עַל שֶׁנִּרְאָה כִמְלֹא פִי תַנּוּר שִׁדָּפוֹן בְּאַשְׁקְלוֹן.
וְעוֹד גָּזְרוּ תַּעֲנִית
עַל שֶׁאָכְלוּ זְאֵבִים שְׁנֵי תִינוֹקוֹת בְּעֵבֶר הַיַּרְדֵּן.
רַבִּי יוֹסֵי אוֹמֵר:
לֹא עַל שֶׁאָכְלוּ אֶלָּא עַל שֶׁנִּרְאוּ.

רבי עובדיה מברטנורה

לְעָרֵיהֶן. לְאֶרֶץ יִשְׂרָאֵל. **כִּמְלֹא פִּי תַנּוּר.** שֶׁלָּקְתָה בְּשִׁדָּפוֹן כָּל כָּךְ תְּבוּאָה שֶׁהָיָה רָאוּי לַעֲשׂוֹת מִמֶּנָּה פַּת לְמַלֹּאות [פִּי] הַתַּנּוּר. **בְּאַשְׁקְלוֹן.** בְּאֶרֶץ פְּלִשְׁתִּים. **וְעַל שֶׁאָכְלוּ זְאֵבִים.** דְּהִיא חַיָּה רָעָה וּמַכָּה מְהַלֶּכֶת הִיא. **עַל שֶׁנִּרְאָה.** בָּאוּ בָּעִיר.

משנה זו מתארת מעשים שהיו שבהם חכמים גזרו תעניות על הציבור בעקבות שידפון או חיה רעה שהייתה בעיר.

מַעֲשֶׂה שֶׁיָּרְדוּ זְקֵנִים מִירוּשָׁלַיִם לְעָרֵיהֶם, לערים שבארץ ישראל ששמעו על צרות שאירעו ורצו לדעת אם יש לקבוע תענית, **וְגָזְרוּ תַּעֲנִית עַל שֶׁנִּרְאָה כִמְלֹא פִי תַנּוּר שִׁדָּפוֹן בְּאַשְׁקְלוֹן,** השידפון היה בכמות קטנה, של חיטים בכמות שמספיקה להכין מהם בצק שימלא תנור, וכדי לקבוע תענית לא צריך שידפון של שדה שלם.

וְעוֹד גָּזְרוּ תַּעֲנִית עַל שֶׁאָכְלוּ זְאֵבִים שְׁנֵי תִינוֹקוֹת בְּעֵבֶר הַיַּרְדֵּן, וזו מכה מהלכת כמבואר במשנה הקודמת.

רַבִּי יוֹסֵי אוֹמֵר שהמעשה היה אחר: לֹא גזרו תענית **עַל** זאבים **שֶׁאָכְלוּ** תינוקות **אֶלָּא עַל שֶׁנִּרְאוּ** הזאבים בעיר.

ז **עַל אֵלּוּ מַתְרִיעִין בַּשַּׁבָּת:**
עַל עִיר שֶׁהִקִּיפוּהָ גּוֹיִם אוֹ נָהָר,
וְעַל סְפִינָה הַמִּטָּרֶפֶת בַּיָּם.

רַבִּי יוֹסֵי אוֹמֵר:
לְעֶזְרָה וְלֹא לִצְעָקָה.

שִׁמְעוֹן הַתִּמְנִי אוֹמֵר: אַף עַל הַדֶּבֶר.
וְלֹא הוֹדוּ לוֹ חֲכָמִים.

רבי עובדיה מברטנורה

הַמִּטָּרֶפֶת. מִתְחַבֶּטֶת וּמִשְׁתַּבֶּרֶת, כְּמוֹ בֵּיצָה הַטְּרוּפָה בִּקְעָרָה. **לְעֶזְרָה.** לְקַבֵּץ אֶת הָעָם שֶׁיָּבוֹאוּ לַעֲזֹר וּלְהוֹשִׁיעַ. וַהֲלָכָה: שֶׁאֵין תּוֹקְעִים עֲלֵיהֶם בְּשׁוֹפָר אוֹ בַּחֲצוֹצְרוֹת בַּשַּׁבָּת, אֶלָּא אִם כֵּן הֻצְרְכוּ לִתְקֹעַ לְקַבֵּץ אֶת הָעָם, אֲבָל מִתְעַנִּים וְזוֹעֲקִים וּמִתְחַנְּנִים עֲלֵיהֶם בַּשַּׁבָּת. **שִׁמְעוֹן הַתִּימְנִי.** מִתִּמְנָת הָיָה. **אַף עַל הַדֶּבֶר** מַתְרִיעִין בַּשַּׁבָּת. **וְלֹא הוֹדוּ לוֹ חֲכָמִים.** לְהַתְרִיעַ עַל הַדֶּבֶר בַּשַּׁבָּת. אֲבָל בַּחֹל – מַתְרִיעִין.

עד עתה ראינו שמתענים בשני וחמישי או ביום אחר בשבוע אם יש צרות. במשנה זו מבואר שיש מקרים שבהם הצרות גדולות ודחופות כל כך עד שמתריעים מפניהן אף בשבת.

עַל אֵלּוּ מַתְרִיעִין בַּשַּׁבָּת: עַל עִיר שֶׁהִקִּיפוּהָ גּוֹיִם, למלחמה, **אוֹ נָהָר,** שעלה על גדותיו,

וְעַל סְפִינָה הַמִּטָּרֶפֶת בַּיָּם, ויש סכנה שכולם יטבעו. בתוספתא (ב, יב) מבואר שבמקרים אלו מתריעים אך אין מתענים, כדי שיהיה להם כוח להתגבר על הצרה.

רַבִּי יוֹסֵי אוֹמֵר: מותר לתקוע בשופר **לְעֶזְרָה** – לקבץ את העם שיעזרו ואפילו חוץ לתחום שבת (תפארת ישראל), **וְלֹא לִצְעָקָה,** לא מתאספים לתפילת הציבור. לפי רבי יוסי, אין להתפלל על הצרות ולהתענות בשבת.

שִׁמְעוֹן הַתִּמְנִי אוֹמֵר: אַף עַל הַדֶּבֶר מתריעים בשבת. **וְלֹא הוֹדוּ לוֹ חֲכָמִים,** וסברו שאין מתריעים על הדבר כלל, כדי שלא לגרום לבהלה בציבור שתחמיר את הסכנה (תפארת ישראל).

ח עַל כָּל צָרָה שֶׁלֹּא תָבֹא עַל הַצִּבּוּר –
מַתְרִיעִין עָלֶיהָ, חוּץ מֵרֹב גְּשָׁמִים.

מַעֲשֶׂה שֶׁאָמְרוּ לוֹ לְחוֹנִי הַמְעַגֵּל:
"הִתְפַּלֵּל שֶׁיֵּרְדוּ גְשָׁמִים".
אָמַר לָהֶם:
"צְאוּ וְהַכְנִיסוּ תַנּוּרֵי פְסָחִים, בִּשְׁבִיל שֶׁלֹּא יִמּוֹקוּ".
הִתְפַּלֵּל, וְלֹא יָרְדוּ גְשָׁמִים.

מֶה עָשָׂה?
עָג עוּגָה וְעָמַד בְּתוֹכָהּ, וְאָמַר לְפָנָיו: "רִבּוֹנוֹ שֶׁל עוֹלָם,
בָּנֶיךָ שָׂמוּ פְנֵיהֶם עָלַי, שֶׁאֲנִי כְּבֶן בַּיִת לְפָנֶיךָ.
נִשְׁבָּע אֲנִי בְּשִׁמְךָ הַגָּדוֹל,
שֶׁאֵינִי זָז מִכָּאן, עַד שֶׁתְּרַחֵם עַל בָּנֶיךָ".

הִתְחִילוּ גְשָׁמִים מְנַטְּפִין.
אָמַר: "לֹא כָךְ שָׁאַלְתִּי,
אֶלָּא גִשְׁמֵי בוֹרוֹת שִׁיחִין וּמְעָרוֹת".

הִתְחִילוּ לֵירֵד בְּזַעַף.
אָמַר: "לֹא כָךְ שָׁאַלְתִּי,
אֶלָּא גִשְׁמֵי רָצוֹן, בְּרָכָה וּנְדָבָה".

יָרְדוּ כְתִקְנָן,
עַד שֶׁיָּצְאוּ יִשְׂרָאֵל מִירוּשָׁלַיִם לְהַר הַבַּיִת,
מִפְּנֵי הַגְּשָׁמִים.

בָּאוּ וְאָמְרוּ לוֹ:
"כְּשֵׁם שֶׁהִתְפַּלַּלְתָּ עֲלֵיהֶם שֶׁיֵּרְדוּ –
כָּךְ הִתְפַּלֵּל שֶׁיֵּלְכוּ לָהֶן".
אָמַר לָהֶן:
"צְאוּ וּרְאוּ אִם נִמְחֵית אֶבֶן הַטּוֹעִים".

שָׁלַח לוֹ שִׁמְעוֹן בֶּן שָׁטָח:
אִלְמָלֵא חוֹנִי אַתָּה, גּוֹזְרַנִי עָלֶיךָ נִדּוּי.
אֲבָל מָה אֶעֱשֶׂה לְךָ,
שֶׁאַתָּה מִתְחַטֵּא לִפְנֵי הַמָּקוֹם וְעוֹשֶׂה לְךָ רְצוֹנְךָ,
כְּבֵן שֶׁהוּא מִתְחַטֵּא עַל אָבִיו וְעוֹשֶׂה לוֹ רְצוֹנוֹ.
וְעָלֶיךָ הַכָּתוּב אוֹמֵר (משלי כג, כה):
"יִשְׂמַח אָבִיךָ וְאִמֶּךָ וְתָגֵל יוֹלַדְתֶּךָ".

רבי עובדיה מברטנורה

חוּץ מֵרֹב גְּשָׁמִים. לֹא שֶׁיֵּרְדוּ הַרְבֵּה כָּל כָּךְ שֶׁמְּקַלְקְלִין אֶת הַתְּבוּאָה, אֶלָּא שֶׁכְּבָר יָרְדוּ הַרְבֵּה שֶׁאֵין צְרִיכִין לָהֶן עוֹד, וְהֵן לְטֹרַח עַל בְּנֵי אָדָם.
תַּנּוּרֵי פְסָחִים. שֶׁל חֶרֶס הֵם, וּמְטַלְטְלִין מִמָּקוֹם לְמָקוֹם. **שֶׁלֹּא יִמּוֹקוּ** בַּגְּשָׁמִים. **עָג עוּגָה.** רָשַׁם בַּקַּרְקַע רֹשֶׁם עִגּוּל כְּעֵין **עוּגָה. גִּשְׁמֵי בוֹרוֹת.** גְּשָׁמִים בְּשֶׁפַע לְמַלֹּאות **בּוֹרוֹת. אִם נִמְחֵית.** אִם כֻּלָּהּ מְכֻסָּה בְּמַיִם. **אֶבֶן טוֹעִים.** אֶבֶן הָיְתָה בִּירוּשָׁלַיִם שֶׁכָּל מִי שֶׁמּוֹצֵא מְצִיאָה הָיָה עוֹמֵד עָלֶיהָ וּמַכְרִיז: "מְצִיאָה מָצָאתִי", וּבָאִין בְּעָלֶיהָ וְנוֹתְנִין סִימָנֶיהָ וְנוֹטְלִין אוֹתָהּ. וְאוֹתָהּ אֶבֶן נִקְרֵאת **אֶבֶן טוֹעִים.** וּמָצָאתִי כָּתוּב שֶׁהָיְתָה גְּבוֹהָה מְאֹד, וְלֹא הָיָה אֶפְשָׁר שֶׁתִּתְכַּסֶּה בַּגְּשָׁמִים אֶלָּא אִם כֵּן בָּא מַבּוּל לָעוֹלָם. **לְנַדּוֹת.** שֶׁמְּנַדִּין עַל כְּבוֹד הָרַב. **מִתְחַטֵּא.** מִתְגַּעְגֵּעַ.

במשנה זו מובא שאין מתריעים על ריבוי גשמים ומביאים מעשה שאירע עם חוני המעגל והייתה בו תפילה מפני עצירת גשמים ומפני ריבוי גשמים.

עַל כָּל צָרָה שֶׁלֹּא תָּבֹא עַל הַצִּבּוּר, גופנית או כלכלית - **מַתְרִיעִין עָלֶיהָ, חוּץ מֵרֹב גְּשָׁמִים,** אם הגשמים מטריחים את בני האדם. שאין מתפללים לה' שיפסיק רוב שפע וטובה, שזו כפיות טובה. ואם ריבוי הגשמים גורם לנזק, מותר להתפלל שייפסקו (תפארת ישראל).

מַעֲשֶׂה שֶׁאָמְרוּ לוֹ לְחוֹנִי הַמְעַגֵּל היה זה לאחר בצורת של שלוש שנים וחודש אדר עמד להסתיים ועדיין לא ירדו גשמים (מגילת תענית): **"הִתְפַּלֵּל שֶׁיֵּרְדוּ גְּשָׁמִים",** פנו אליו כי ידעו שהוא מלומד בניסים, וביקשו שיתפלל תפילה מיוחדת, שהרי צמו והתפללו שלוש שנים ולא נענו.

חוני היה בטוח שה' ישמע לתפילתו ויוריד גשם, וכדי שלא ייהרסו תנורי הטיט שהכינו לקראת צליית את קרבן הפסח **אָמַר לָהֶם: "צְאוּ וְהַכְנִיסוּ תַּנּוּרֵי פְסָחִים, בִּשְׁבִיל שֶׁלֹּא יִמּוֹקוּ".**

הִתְפַּלֵּל, וְלֹא יָרְדוּ גְּשָׁמִים. מֶה עָשָׂה? עָג עוּגָה, חרט במקל צורת עיגול באדמה, **וְעָמַד בְּתוֹכָהּ** - וזה רמז שהוא כאסיר בבית אסורים, **וְאָמַר לְפָנָיו: "רִבּוֹנוֹ שֶׁל עוֹלָם, בָּנֶיךָ שָׂמוּ פְנֵיהֶם עָלַי,** בטחו בי, **שֶׁאֲנִי כְּבֶן בַּיִת לְפָנֶיךָ,** ואתה מקיים את מה שאני מבקש. **נִשְׁבָּע אֲנִי בְּשִׁמְךָ הַגָּדוֹל, שֶׁאֵינִי זָז מִכָּאן, עַד שֶׁתְּרַחֵם עַל בָּנֶיךָ** ותוריד גשמים".

הִתְחִילוּ גְּשָׁמִים מְנַטְּפִין - ירדו טיפות, מה שמסמל שה' רוצה לפרוע את השבועה של חוני אך עדיין כועס על ישראל ולא רוצה להוריד להם גשמים. **אָמַר** חוני: **"לֹא כָךְ שָׁאַלְתִּי, אֶלָּא גִשְׁמֵי בּוֹרוֹת שִׁיחִין וּמְעָרוֹת",** כדי שיוכלו לאגור את המים בכל השנה.

הִתְחִילוּ לֵירֵד בְּזַעַף, גשמים חזקים ומזיקים. **אָמַר: "לֹא כָךְ שָׁאַלְתִּי, אֶלָּא גִשְׁמֵי רָצוֹן, בְּרָכָה וּנְדָבָה",** גשם בינוני, שמועיל ולא מזיק.

יָרְדוּ כְתִקְנָן, עַד שֶׁיָּצְאוּ יִשְׂרָאֵל מִירוּשָׁלַיִם לְהַר הַבַּיִת, מִפְּנֵי הַגְּשָׁמִים - הגשם לא ירד בחוזקה אבל ירדו גשמים רבים וירושלים כולה הוצפה עד שהיו צריכים לעלות להר הבית כדי לא לטבוע.

בָּאוּ וְאָמְרוּ לוֹ לחוני: **"כְּשֵׁם שֶׁהִתְפַּלַּלְתָּ עֲלֵיהֶם שֶׁיֵּרְדוּ - כָּךְ הִתְפַּלֵּל שֶׁיֵּלְכוּ לָהֶן"**, שייפסקו הגשמים.

אָמַר לָהֶן חוני: **"צְאוּ וּרְאוּ אִם נִמְחֵית אֶבֶן הַטּוֹעִים"**, אבן במקום מרכזי בירושלים שכל מי שמצא מציאה או שמחפש את אבדתו היה בא לשם, ורצה לדעת אם המים כיסו את האבן. **שָׁלַח לוֹ שִׁמְעוֹן בֶּן שָׁטָח**, שהיה אב בית הדין וממנהיגי הדור: **אִלְמָלֵא חוֹנִי אַתָּה**, שאתה אדם גדול, **גּוֹזְרַנִי עָלֶיךָ נִדּוּי**, על שהטרחת את הקב"ה על ענייני גשמים. **אֲבָל מָה אֶעֱשֶׂה לָךְ, שֶׁאַתָּה מִתְחַטֵּא לִפְנֵי הַמָּקוֹם**, מתנהג שלא כהוגן ומטריח את ה', **וְעוֹשֶׂה לָךְ רְצוֹנָךְ, כְּבֵן שֶׁהוּא מִתְחַטֵּא עַל אָבִיו וְעוֹשֶׂה לוֹ רְצוֹנוֹ.**

וְעָלֶיךָ הַכָּתוּב אוֹמֵר: "יִשְׂמַח אָבִיךָ וְאִמֶּךָ וְתָגֵל יוֹלַדְתֶּךָ", ויש בפסוק הזה רמז שחוני הוא בנו של הוריו וגם של הקב"ה.

ט הָיוּ מִתְעַנִּין וְיָרְדוּ לָהֶם גְּשָׁמִים קֹדֶם הָנֵץ הַחַמָּה –
לֹא יַשְׁלִימוּ,
לְאַחַר הָנֵץ הַחַמָּה – יַשְׁלִימוּ.
רַבִּי אֱלִיעֶזֶר אוֹמֵר:
קֹדֶם חֲצוֹת – לֹא יַשְׁלִימוּ,
לְאַחַר חֲצוֹת – יַשְׁלִימוּ.

מַעֲשֶׂה שֶׁגָּזְרוּ תַּעֲנִית בְּלוֹד,
וְיָרְדוּ לָהֶם גְּשָׁמִים קֹדֶם חֲצוֹת.
אָמַר לָהֶם רַבִּי טַרְפוֹן:
"צְאוּ וְאִכְלוּ וּשְׁתוּ וַעֲשׂוּ יוֹם טוֹב".
וְיָצְאוּ וְאָכְלוּ וְשָׁתוּ וְעָשׂוּ יוֹם טוֹב,
וּבָאוּ בֵּין הָעַרְבַּיִם וְקָרְאוּ הַלֵּל הַגָּדוֹל.

רבי עובדיה מברטנורה

רַבִּי אֱלִיעֶזֶר אוֹמֵר: קֹדֶם חֲצוֹת – לֹא יַשְׁלִימוּ. וַהֲלָכָה כְּרַבִּי אֱלִיעֶזֶר. **צְאוּ אִכְלוּ וּשְׁתוּ.** וְלֹא אָמַר לָהֶן "**קִרְאוּ הַלֵּל הַגָּדוֹל**" תְּחִלָּה, שֶׁאֵין קוֹרִין הַלֵּל הַגָּדוֹל אֶלָּא בְּכֶרֶס מְלֵאָה וְנֶפֶשׁ שְׂבֵעָה.

משנה זו מבארת מה הדין אם קבעו תענית ונענו וירדו גשמים, מתי ממשיכים להתענות, מתי מפסיקים ומתי קובעים יום טוב.

הָיוּ מִתְעַנִּין, קיבלו עליהם בערב תענית למחר, **וְיָרְדוּ לָהֶם גְּשָׁמִים קֹדֶם הָנֵץ הַחַמָּה – לֹא יַשְׁלִימוּ** את התענית, כי עדיין לא התחילו להתענות וזה סימן משמים שהם לא צריכים להתענות, ואם ירדו גשמים **לְאַחַר הָנֵץ הַחַמָּה – יַשְׁלִימוּ**, שזה סימן משמים שהציבור יצטער כדי שירדו גשמים.

בתוספתא (ב, טו) מבואר שדווקא על גשמים מפסיקים להתענות, אבל בצרות אחרות ממשיכים להתענות עד הערב.

רַבִּי אֱלִיעֶזֶר אוֹמֵר: אם ירדו גשמים **קֹדֶם חֲצוֹת**, שזה הזמן שהיו רגילים לאכול בו את הארוחה הראשונה בכל יום - **לֹא יַשְׁלִימוּ** את התענית, כי בפועל לא צמו, כיוון שלא היו רגילים לאכול בבוקר, ואם ירדו גשמים **לְאַחַר חֲצוֹת - יַשְׁלִימוּ** את התענית.

מַעֲשֶׂה שֶׁגָּזְרוּ תַעֲנִית בְּלוֹד וְיָרְדוּ לָהֶם גְּשָׁמִים קֹדֶם חֲצוֹת. אָמַר לָהֶם רַבִּי טַרְפוֹן: "צְאוּ וְאִכְלוּ וּשְׁתוּ וַעֲשׂוּ יוֹם טוֹב", באכילה, שתייה ושמחה. וזה היה יום שמחה לאותה השנה ולא לשנים הבאות (עזרת ישראל על הלכות תעניות א, טו). **וְיָצְאוּ וְאָכְלוּ וְשָׁתוּ וְעָשׂוּ יוֹם טוֹב, וּבָאוּ בֵּין הָעַרְבַּיִם** לבית הכנסת **וְקָרְאוּ הַלֵּל הַגָּדוֹל** - מזמור קלו בתהלים: "הודו לה' כי טוב, כי לעולם חסדו", ובו נזכר 26 פעמים הביטוי "כי לעולם חסדו". ולא אמרו הלל מיד כי אין אומרים הלל בצער וברעב אלא מתוך שובע ושמחה.

פרק רביעי

פרק זה פותח בברכת כוהנים שהייתה נאמרת בתעניות, ביום הכיפורים ובמעמדות, ומתוך כך דנים במעמדות: מי היו אנשי המעמד, מתי חלה המשמרת של כל מעמד, התעניות וקריאת התורה, זמנים מיוחדים בשנה שבהם אין מעמד, ומתוך כך מובא המנהג של הבאת קרבן עצים למערכה.

בהמשך מובא שחמישה דברים אירעו לאבותינו בשבעה עשר בתמוז וחמישה אחרים אירעו בתשעה באב, ומתוך כך דנים בהלכות תשעה באב ושבוע שחל בו תשעה באב. הפרק מסיים שט"ו באב ויום הכיפורים היו ימים טובים לישראל, שבהם בנות ישראל יוצאות בבגדים לבנים לחולל בכרמים ולחפש חתן.

א בִּשְׁלֹשָׁה פְרָקִים בַּשָּׁנָה,
כֹּהֲנִים נוֹשְׂאִין אֶת כַּפֵּיהֶן אַרְבַּע פְּעָמִים בַּיּוֹם –
בְּשַׁחֲרִית, בְּמוּסָף וּבַמִּנְחָה וּבִנְעִילַת שְׁעָרִים:
בַּתַּעֲנִיּוֹת וּבַמַּעֲמָדוֹת וּבְיוֹם הַכִּפּוּרִים.

רבי עובדיה מברטנורה

בִּשְׁלֹשָׁה פְרָקִים בַּשָּׁנָה וכו'. הָכִי קָאָמַר, **בִּשְׁלֹשָׁה פְרָקִים** שֶׁהֵם **תַּעֲנִיּוֹת וּמַעֲמָדוֹת וְיוֹם הַכִּפּוּרִים** דְּמַסִּיק בָּתַר הָכִי, **כֹּהֲנִים נוֹשְׂאִין אֶת כַּפֵּיהֶם** בְּכָל תְּפִלָּה, דְּהַיְנוּ **שַׁחֲרִית מִנְחָה וּנְעִילָה.** וְיֵשׁ יוֹם אֶחָד בְּאֵלּוּ הַפְּרָקִים שֶׁנּוֹשְׂאִים כַּפֵּיהֶם **אַרְבָּעָה פְּעָמִים בַּיּוֹם,** וְהוּא יוֹם הַכִּפּוּרִים, שֶׁיֵּשׁ בּוֹ תְּפִלַּת **מוּסָף.** וּמַתְנִיתִין ר' מֵאִיר הִיא, דְּאָמַר יֵשׁ נְשִׂיאוּת כַּפַּיִם בְּמִנְחָה בְּתַעֲנִיּוֹת וּבְמַעֲמָדוֹת. דְּכָל יוֹמָא – טַעֲמָא מַאי אֵין נְשִׂיאוּת כַּפַּיִם בְּמִנְחָה? מִשּׁוּם שִׁכְרוּת. וְהָאִידָנָא – לֵיכָּא שִׁכְרוּת. וְר' יוֹסֵי פָּלֵיג עֲלֵיהּ וְאָמַר: דְּגָזְרִינַן מִנְחָה שֶׁל תַּעֲנִית אַטּוּ מִנְחָה דְּכָל יוֹמָא. וַהֲלָכָה כְּרַבִּי יוֹסֵי בְּתַעֲנִיּוֹת וּבְמַעֲמָדוֹת וּבְיוֹם הַכִּפּוּרִים דְּאִית בְּהוּ תְּפִלַּת נְעִילָה, אֲבָל בְּתַעֲנִיּוֹת שֶׁאֵין מִתְפַּלְּלִין בָּהֶן נְעִילָה – פָּרְשֵׂי כָּהֲנֵי יְדַיְהוּ בְּמִנְחָתָא דְּתַעֲנִיתָא; כֵּיוָן דְּסָמוּךְ לִשְׁקִיעַת הַחַמָּה מְצַלֵּי לָהּ – כִּתְפִלַּת נְעִילָה דָּמְיָא. וּמִנְחָתָא כְּהַאי – לֵיתָא בְּכָל יוֹמָא, הִלְכָּךְ – לֹא גָּזְרוּ בָּהּ. **בַּתַּעֲנִיּוֹת וּבַמַּעֲמָדוֹת.** הָכִי קָאָמַר וְאֵלּוּ הֵן שְׁלֹשָׁה פְּרָקִים, תַּעֲנִיּוֹת וּמַעֲמָדוֹת וְיוֹם הַכִּפּוּרִים. **וּמַעֲמָדוֹת.** אַנְשֵׁי מַעֲמָד הָיוּ מִתְעַנִּים אַרְבָּעָה יָמִים בְּשָׁבוּעַ (לקמן משנה ג).

משנה זו מלמדת שהכוהנים היו נושאים כפיים לברכת כוהנים בתעניות, ביום הכיפורים ובמעמדות ארבע פעמים ביום.
המשנה הבאה מסבירה מהם המעמדות.

בִּשְׁלֹשָׁה פְרָקִים, זמנים, **בַּשָּׁנָה, כֹּהֲנִים נוֹשְׂאִין אֶת כַּפֵּיהֶן** ומברכים את העם בברכת 'מודים' שבתפילת העמידה, **אַרְבַּע פְּעָמִים בַּיּוֹם – בְּשַׁחֲרִית, בְּמוּסָף,** רק ביום הכיפורים, כי בשאר תעניות ובמעמדות אין תפילת מוסף, ויש אומרים שבמעמדות היו מוסיפים תפילה בין שחרית למוסף (רמב"ם על פי הירושלמי א, א), **וּבַמִּנְחָה וּבִנְעִילַת שְׁעָרִים** – תפילת נעילה. שלושת זמנים אלו הם: **בַּתַּעֲנִיּוֹת וּבַמַּעֲמָדוֹת וּבְיוֹם הַכִּפּוּרִים.** בשאר ימות השנה הכוהנים אינם נושאים כפיהם במנחה, מחשש שמא יאכלו וישתכרו, ולשיכור אסור לשאת כפיים, אך ימים אלו הם ימי תענית ואין בהם חשש שישתכרו.

בבית
אלוקים
נהלך
ברגש

ב אֵלּוּ הֵן הַמַּעֲמָדוֹת?
לְפִי שֶׁנֶּאֱמַר (במדבר כח, ב):
"צַו אֶת בְּנֵי יִשְׂרָאֵל וְאָמַרְתָּ אֲלֵיהֶם, אֶת קָרְבָּנִי לַחְמִי",
וְכִי הֵיאַךְ קָרְבָּנוֹ שֶׁל אָדָם קָרֵב,
וְהוּא אֵינוֹ עוֹמֵד עַל גַּבָּיו?

הִתְקִינוּ נְבִיאִים הָרִאשׁוֹנִים עֶשְׂרִים וְאַרְבָּעָה מִשְׁמָרוֹת,
עַל כָּל מִשְׁמָר וּמִשְׁמָר הָיָה מַעֲמָד בִּירוּשָׁלַיִם,
שֶׁל כֹּהֲנִים, שֶׁל לְוִיִּם וְשֶׁל יִשְׂרְאֵלִים.

הִגִּיעַ זְמַן הַמִּשְׁמָר לַעֲלוֹת –
כֹּהֲנִים וּלְוִיִּם עוֹלִים לִירוּשָׁלַיִם,
וְיִשְׂרָאֵל שֶׁבְּאוֹתוֹ מִשְׁמָר, מִתְכַּנְּסִין לְעָרֵיהֶן,
וְקוֹרְאִין בְּמַעֲשֵׂה בְרֵאשִׁית.

רבי עובדיה מברטנורה

אֵלּוּ הֵן מַעֲמָדוֹת. "מַה טַּעַם" קָאָמַר: מַה טַּעַם תִּקְּנוּ **מַעֲמָדוֹת? לְפִי שֶׁנֶּאֱמַר: "צַו אֶת בְּנֵי יִשְׂרָאֵל" וְגוֹ'. עַל כָּל מִשְׁמָר וּמִשְׁמָר הָיָה מַעֲמָד.** מִקְצָת שִׁבְטֵי יִשְׂרָאֵל חֲלוּקִים לְכ"ד חֲלָקִים, שְׁלוּחִים מִכָּל יִשְׂרָאֵל לַעֲמֹד עַל הַקָּרְבָּן עִם הַכֹּהֲנִים וְהַלְוִיִּם שֶׁבְּאוֹתוֹ מִשְׁמָר. **וְיִשְׂרָאֵל שֶׁבְּאוֹתוֹ מִשְׁמָר מִתְכַּנְּסִין לְעָרֵיהֶם.** אוֹתָם שֶׁהָיוּ רְחוֹקִים מִירוּשָׁלַיִם וְלֹא הָיוּ יְכוֹלִים לַעֲלוֹת לַעֲמֹד עַל הַקָּרְבָּן בַּמִּשְׁמָר שֶׁלָּהֶן – **מִתְכַּנְּסִים** בְּבָתֵּי כְּנֵסִיּוֹת **בְּעָרֵיהֶן** וּמִתְעַנִּים וּמִתְפַּלְּלִים **וְקוֹרִין** בַּתּוֹרָה בְּכָל יוֹם **בְּמַעֲשֵׂה בְרֵאשִׁית,** לְהוֹדִיעַ שֶׁהָעוֹלָם עוֹמֵד עַל הָעֲבוֹדָה שֶׁעוֹשִׂים בַּמִּקְדָּשׁ.

במשנה זו מבואר מהם המעמדות.

אֵלּוּ הֵן, מהם, **הַמַּעֲמָדוֹת? לְפִי שֶׁנֶּאֱמַר** בפרשת קרבן התמיד: **"צַו אֶת בְּנֵי יִשְׂרָאֵל וְאָמַרְתָּ אֲלֵיהֶם, אֶת קָרְבָּנִי לַחְמִי"**, הרי שכל ישראל מצווים על התמיד ולא רק הכוהנים, **וְכִי הֵיאָךְ קָרְבָּנוֹ שֶׁל אָדָם קָרֵב וְהוּא אֵינוֹ עוֹמֵד עַל גַּבָּיו?** והרי בכל הקרבנות, הבעלים מגיע וסומך ידיו על הקרבן ומתוודה.

הִתְקִינוּ נְבִיאִים הָרִאשׁוֹנִים, שמואל ודוד המלך, **עֶשְׂרִים וְאַרְבָּעָה מִשְׁמָרוֹת, עַל כָּל מִשְׁמָר וּמִשְׁמָר הָיָה מַעֲמָד בִּירוּשָׁלַיִם, שֶׁל כֹּהֲנִים**, לעבודת המקדש, **שֶׁל לְוִיִּם**, לשמור על המקדש ולשורר בזמן הקרבת הנסכים, **וְשֶׁל יִשְׂרְאֵלִים**, להיות במעמדות.

הִגִּיעַ זְמַן הַמִּשְׁמָר לַעֲלוֹת - כֹּהֲנִים וּלְוִיִּם עוֹלִים לִירוּשָׁלַיִם, וְיִשְׂרָאֵל שֶׁבְּאוֹתוֹ מִשְׁמָר, מִתְכַּנְּסִין לְעָרֵיהֶן לעיר שגר בה ראש המעמד, ולא היו טורחים לעלות לירושלים, ומתפללים שהקרבנות יתקבלו ברצון, מתענים **וְקוֹרִאין בְּמַעֲשֵׂה בְרֵאשִׁית**, להודיע שהעולם מתקיים בזכות עבודת המקדש.

ג וְאַנְשֵׁי הַמַּעֲמָד הָיוּ מִתְעַנִּין אַרְבָּעָה יָמִים בַּשָּׁבוּעַ,
מִיּוֹם שֵׁנִי וְעַד יוֹם חֲמִישִׁי,
וְלֹא הָיוּ מִתְעַנִּין עֶרֶב שַׁבָּת,
מִפְּנֵי כְּבוֹד הַשַּׁבָּת.
וְלֹא בְּאֶחָד בַּשַּׁבָּת,
כְּדֵי שֶׁלֹּא יֵצְאוּ מִמְּנוּחָה וָעֹנֶג
לִיגִיעָה וְתַעֲנִית וְיָמוּתוּ.

בַּיּוֹם הָרִאשׁוֹן - "בְּרֵאשִׁית" וִ"יהִי רָקִיעַ" (בראשית א, א-ח),
בַּשֵּׁנִי - "יְהִי רָקִיעַ" וְ"יִקָּווּ הַמַּיִם" (שם, ו-יג),
בַּשְּׁלִישִׁי - "יִקָּווּ הַמַּיִם" וִ"יהִי מְאֹרֹת" (שם, ט-יט),
בָּרְבִיעִי - "יְהִי מְאֹרֹת" וְ"יִשְׁרְצוּ הַמַּיִם" (שם, יד-כג),
בַּחֲמִישִׁי - "יִשְׁרְצוּ הַמַּיִם" וְ"תוֹצֵא הָאָרֶץ" (שם, כ-לא),
בַּשִּׁשִּׁי - "תוֹצֵא הָאָרֶץ", "וַיְכֻלּוּ הַשָּׁמַיִם" (שם, כד-ב, ג).

פָּרָשָׁה גְּדוֹלָה - קוֹרִין אוֹתָהּ בִּשְׁנַיִם,
וְהַקְּטַנָּה - בְּיָחִיד.
בַּשַּׁחֲרִית וּבַמּוּסָף,
וּבַמִּנְחָה נִכְנָסִין וְקוֹרִין עַל פִּיהֶן, כְּקוֹרִין אֶת "שְׁמַע".

עֶרֶב שַׁבָּת בַּמִּנְחָה לֹא הָיוּ נִכְנָסִין,
מִפְּנֵי כְּבוֹד הַשַּׁבָּת.

רבי עובדיה מברטנורה

וְלֹא הָיוּ מִתְעַנִּין בְּעֶרֶב שַׁבָּת, מִפְּנֵי כְּבוֹד הַשַּׁבָּת. וְאֵין צָרִיךְ לוֹמַר בַּשַּׁבָּת עַצְמָהּ. **וְלֹא** בְּיוֹם רִאשׁוֹן מִפְּנֵי שֶׁהוּא שְׁלִישִׁי לַיְּצִירָה, שֶׁבְּעֶרֶב שַׁבָּת נִבְרָא אָדָם, וְיוֹם שְׁלִישִׁי לִיצִירָתוֹ – חָלוּשׁ טְפֵי, דִּכְתִיב (בראשית לד, כה): "וַיְהִי בַיּוֹם הַשְּׁלִישִׁי בִּהְיוֹתָם כֹּאֲבִים". אִי נַמֵּי: מִפְּנֵי שֶׁבַּשַּׁבָּת נִתְּנָה בּוֹ נְשָׁמָה יְתֵרָה, וּלְמוֹצָאֵי שַׁבָּת נִטֶּלֶת מִמֶּנּוּ. וְאִם הָיוּ מִתְעַנִּים בְּיוֹם רִאשׁוֹן – הָיוּ מִסְתַּכְּנִים. וּבְכָל יוֹם הָיוּ אַנְשֵׁי מַעֲמָד מִתְפַּלְּלִין תְּפִלַּת נְעִילָה. **פָּרָשָׁה גְּדוֹלָה – קוֹרִין אוֹתָהּ בִּשְׁנַיִם.** בְּפָרָשַׁת **"בְּרֵאשִׁית"** לְאַחַר שֶׁקָּרָא הָרִאשׁוֹן שְׁלֹשָׁה פְּסוּקִים – חוֹזֵר הַשֵּׁנִי וְקוֹרֵא פָּסוּק שְׁלִישִׁי שֶׁקָּרָא הָרִאשׁוֹן, וּמַשְׁלִים פָּרָשַׁת "בְּרֵאשִׁית", וְהַשְּׁלִישִׁי קוֹרֵא "יְהִי רָקִיעַ". בַּשֵּׁנִי – רִאשׁוֹן קוֹרֵא "יְהִי רָקִיעַ", וּשְׁנַיִם קוֹרְאִים "יִקָּווּ הַמַּיִם", וְכֵן כֻּלָּם. **בַּשַּׁחֲרִית וּבְמוּסָף כו'.** הָכָא מַיְרֵי בְּכָל שְׁאָר מַעֲמָדוֹת שֶׁהָיוּ חוּץ לִירוּשָׁלַיִם, שֶׁהֵן הָיוּ קוֹרְאִין בְּמַעֲשֵׂה בְרֵאשִׁית כְּמִשְׁפָּטָן אֲפִלּוּ בְּיוֹם שֶׁיֵּשׁ בּוֹ קָרְבַּן מוּסָף, דְּהָא אִינְהוּ – לָא טְרִידֵי. אֲבָל הַמַּעֲמָדוֹת שֶׁבִּירוּשָׁלַיִם, בְּיוֹם שֶׁיֵּשׁ בּוֹ **קָרְבַּן מוּסָף** – לֹא הָיוּ קוֹרִין בְּמוּסָף בְּמַעֲשֵׂה בְרֵאשִׁית, כִּדְתְנַן לְקַמָּן **קָרְבַּן מוּסָף אֵין בּוֹ בְּמִנְחָה**, וְהַשְׁתָּא קָרְבַּן מוּסָף מַעֲמָד דְּמִנְחָה דְּלָאו דִּידֵיהּ דָּחֵי – מַעֲמָד דִּידֵיהּ, לֹא כָּל שֶׁכֵּן?! **בַּשַּׁחֲרִית וּבְמוּסָף וּבְמִנְחָה כו'.** הָכִי קָאָמַר: **בַּשַּׁחֲרִית וּבְמוּסָף** הוּא דִּמְבִיאִין סֵפֶר תּוֹרָה וְקוֹרִין **פָּרָשָׁה גְּדוֹלָה בִּשְׁנַיִם וּקְטַנָּה בְּיָחִיד**, אֲבָל **בְּמִנְחָה** – אֵין מְבִיאִין סֵפֶר תּוֹרָה מִפְּנֵי טֹרַח הַתַּעֲנִית, אֶלָּא **קוֹרִין עַל פֶּה. עֶרֶב שַׁבָּת בַּמִּנְחָה – לֹא הָיוּ נִכְנָסִים** לְבֵית הַכְּנֶסֶת וְלֹא הָיוּ קוֹרִין כְּלָל, לְפִי שֶׁהָיוּ טְרוּדִים לְתַקֵּן צָרְכֵי **שַׁבָּת.**

משנה זו מבארת מתי אנשי המעמד היו מתענים ואיזו פרשייה היו קוראים בתורה בכל יום מימי המעמד.

וְאַנְשֵׁי הַמַּעֲמָד הָיוּ מִתְעַנִּין מהבוקר ועד הערב **אַרְבָּעָה יָמִים בַּשָּׁבוּעַ, מִיּוֹם שֵׁנִי וְעַד יוֹם חֲמִישִׁי.**

וְלֹא הָיוּ מִתְעַנִּין עֶרֶב שַׁבָּת, מִפְּנֵי כְּבוֹד הַשַּׁבָּת, כדי שלא להיכנס לשבת כשהם רעבים, וכל שכן שלא היו צמים בשבת.

וְלֹא מתענים **בְּאֶחָד בַּשַּׁבָּת,** ביום ראשון, **כְּדֵי שֶׁלֹּא יֵצְאוּ מִמְּנוּחָה וָעֹנֶג,** שבשבת נחים ואוכלים הרבה, **לִיגִיעָה וְתַעֲנִית** של שבוע שלם **וְיָמוּתוּ,** כלומר יֵחלשו מאוד (תפארת ישראל), אלא ביום ראשון יאכלו מעט ובהמשך השבוע יוכלו להתענות.

בכל יום מימות השבוע היו קוראים קטע קצר מתחילת ספר בראשית, בכל יום בשבוע את סדר הבריאה של אותו היום: **בַּיּוֹם הָרִאשׁוֹן** קוראים אנשי המעמד בתורה - **"בְּרֵאשִׁית" וִ"יהִי רָקִיעַ"** – מה שנברא ביום הראשון והשני.

בַּשֵּׁנִי קוראים **"יְהִי רָקִיעַ" וְ"יִקָּווּ הַמַּיִם"** – מה שנברא ביום השני והשלישי.

בַּשְּׁלִישִׁי קוראים **"יִקָּווּ הַמַּיִם" וְ"יְהִי מְאוֹרֹת"** – מה שנברא ביום השלישי והרביעי.

בָּרְבִיעִי קוראים **"יְהִי מְאוֹרֹת" וְ"יִשְׁרְצוּ הַמַּיִם"** – מה שנברא ביום הרביעי והחמישי.

בַּחֲמִישִׁי קוראים **"יִשְׁרְצוּ הַמַּיִם" וְ"תּוֹצֵא הָאָרֶץ"** – מה שנברא ביום החמישי והשישי.

בַּשִּׁשִּׁי קוראים **"תּוֹצֵא הָאָרֶץ", "וַיְכֻלּוּ הַשָּׁמַיִם"** – מה שנברא ביום השישי ועל שביתת ממלאכה בשבת.

פָּרָשָׁה גְּדוֹלָה, שיש בה יותר מ-3 פסוקים **קוֹרִין אוֹתָהּ בִּשְׁנַיִם,** שני עולים לתורה, העולה השני חוזר על פסוק אחד או שניים שקרא העולם הראשון, **וְהַקְּטַנָּה,** שיש בה 3 פסוקים - **בְּיָחִיד,** עולה אחד לתורה.

בַּשַּׁחֲרִית וּבַמּוּסָף, בתפילה הנוספת שהיו מוסיפים בין שחרית למנחה (ראה משנה א) - היו קוראים מספר תורה, **וּבַמִּנְחָה נִכְנָסִין** לבית הכנסת **וְקוֹרִין** את הקריאה **עַל פִּיהֶן, כְּקוֹרִין אֶת "שְׁמַע"** בעל פה, שהיא שגורה בפי האנשים, ואין מטריחים אותם להוציא ספר תורה מפני קושי התענית.

עֶרֶב שַׁבָּת בַּמִּנְחָה לֹא הָיוּ נִכְנָסִין לבית הכנסת לקרוא בתורה, **מִפְּנֵי כְּבוֹד הַשַּׁבָּת,** כדי שיהיו פנויים להתכונן לשבת.

ראשון

שני

שלישי

רביעי

חמישי

שישי

שבת

ד **כָּל יוֹם שֶׁיֵּשׁ בּוֹ הַלֵּל –**
אֵין בּוֹ מַעֲמָד בַּשַּׁחֲרִית,
קָרְבַּן מוּסָף – אֵין בּוֹ בַּנְּעִילָה,
קָרְבַּן עֵצִים – אֵין בּוֹ בַּמִּנְחָה,
דִּבְרֵי רַבִּי עֲקִיבָא.

אָמַר לוֹ בֶּן עַזַּאי, כָּךְ הָיָה רַבִּי יְהוֹשֻׁעַ שׁוֹנֶה:
קָרְבַּן מוּסָף – אֵין בּוֹ בַּמִּנְחָה,
קָרְבַּן עֵצִים – אֵין בּוֹ בַּנְּעִילָה.

חָזַר רַבִּי עֲקִיבָא לִהְיוֹת שׁוֹנֶה כְּבֶן עַזַּאי.

רבי עובדיה מברטנורה

יוֹם שֶׁיֵּשׁ בּוֹ הַלֵּל. כְּגוֹן יְמֵי חֲנֻכָּה שֶׁיֵּשׁ בָּהֶם הַלֵּל וְאֵין בָּהֶם מוּסָף – אוֹתָן שֶׁבִּירוּשָׁלַיִם לֹא הָיוּ קוֹרִין שׁוּם פָּרָשָׁה **בְּשַׁחֲרִית,** לְפִי שֶׁאֵין לָהֶם פְּנַאי לַעֲשׂוֹת מַעֲמָדָם, שֶׁהַהַלֵּל דּוֹחֶה אוֹתָהּ. **קָרְבַּן מוּסָף.** רֹאשׁ חֹדֶשׁ שֶׁיֵּשׁ בּוֹ קָרְבַּן מוּסָף – לֹא הָיוּ קוֹרִין שׁוּם פָּרָשָׁה **בִּנְעִילָה.** וְכָל שֶׁכֵּן שֶׁלֹּא הָיוּ קוֹרִין פָּרָשָׁה בְּמוּסָף עַצְמוֹ, וְלֹא בְּמִנְחָה שֶׁהִיא קֹדֶם נְעִילָה, שֶׁקָּרְבַּן מוּסָף הָיָה דּוֹחֶה אוֹתָם. **קָרְבַּן עֵצִים – אֵין בּוֹ מִנְחָה.** כְּלוֹמַר יוֹם שֶׁיֵּשׁ בּוֹ קָרְבַּן עֵצִים כִּדְלְקַמָּן, וְאֵין בּוֹ קָרְבַּן מוּסָף – דּוֹחֶה מַעֲמָד שֶׁל מִנְחָה, אֲבָל לֹא שֶׁל נְעִילָה. **כָּךְ הָיָה רַבִּי יְהוֹשֻׁעַ שׁוֹנֶה. קָרְבַּן עֵצִים** דּוֹחֶה מַעֲמָד **דִּנְעִילָה,** וְכָל שֶׁכֵּן שֶׁדּוֹחֶה מַעֲמָד דְּמִנְחָה, דְּקָרְבַּן עֲצֵי כֹּהֲנִים הָיָה קָרֵב קֹדֶם תָּמִיד שֶׁל בֵּין הָעַרְבַּיִם. וְאִם דּוֹחֶה מַעֲמָד שֶׁל נְעִילָה – כָּל שֶׁכֵּן שֶׁדּוֹחֶה מַעֲמָד שֶׁל מִנְחָה הַסָּמוּךְ לוֹ.

משנה זו מבארת את סדר המעמדות בימים מיוחדים בשנה, כגון ימים טובים.

כָּל יוֹם שֶׁיֵּשׁ בּוֹ הַלֵּל אבל אין בו מוסף, ואלו הם ימי חנוכה – **אֵין בּוֹ מַעֲמָד בַּשַּׁחֲרִית,** שזהו זמן קריאת ההלל, וביטלו את המעמד כדי לחזק את תקנת החנוכה ולהדגיש שאלו ימי שמחה.

יום שיש בו **קָרְבַּן מוּסָף**, כגון ראש חודש או יום טוב - **אֵין בּוֹ** מעמד **בַּנְּעִילָה** וגם לא במוסף ובמנחה.

יום שיש בו **קָרְבַּן עֵצִים**, שהיו משפחות מסוימות שהתנדבו לתת עצים לאש המזבח וקבעו ימים אלו כימים טובים לאותה משפחה כמבואר במשנה הבאה - **אֵין בּוֹ** מעמד **בַּמִּנְחָה**, כיוון שזהו הזמן שבו היו מקריבים את העצים, בזמן תמיד של בין הערביים, **דִּבְרֵי רַבִּי עֲקִיבָא**.

אָמַר לוֹ בֶּן עַזַּאי, כָּךְ הָיָה רַבִּי יְהוֹשֻׁעַ שׁוֹנֶה: יום שיש בו **קָרְבַּן מוּסָף** – **אֵין בּוֹ** מעמד **בַּמִּנְחָה.**

יום שיש בו **קָרְבַּן עֵצִים** יום טוב שהיו עושים כשהיו מביאים בנדבה עצים למזבח, וכמבואר במשנה הבאה – **אֵין בּוֹ** מעמד **בַּנְּעִילָה** וגם לא במנחה, כי את העצים היו מקריבים מעט לפני תמיד של בין הערביים.

חָזַר רַבִּי עֲקִיבָא לִהְיוֹת שׁוֹנֶה כְּבֶן עַזַּאי, וסבר כי ביום שיש קרבן מוסף מן התורה מספיק לדחות את המעמד של מנחה, ואין חשש שיבטלו את קרבן מוסף, שהוא מן התורה, אבל יום טוב של קרבן עצים הוא מדרבנן, וחכמים רצו לחזק את תקנת היום הזה ודחו גם את המעמד של מנחה ושל נעילה.

ה **זְמַן עֲצֵי כֹהֲנִים וְהָעָם תִּשְׁעָה:**
בְּאֶחָד בְּנִיסָן – בְּנֵי אָרַח בֶּן יְהוּדָה,
בְּעֶשְׂרִים בְּתַמּוּז – בְּנֵי דָוִד בֶּן יְהוּדָה,
בַּחֲמִשָּׁה בְּאָב – בְּנֵי פַרְעֹשׁ בֶּן יְהוּדָה,
בְּשִׁבְעָה בוֹ – בְּנֵי יוֹנָדָב בֶּן רֵכָב,
בַּעֲשָׂרָה בוֹ – בְּנֵי סְנָאָה בֶּן בִּנְיָמִין,
בַּחֲמִשָּׁה עָשָׂר בּוֹ – בְּנֵי זַתּוּא בֶּן יְהוּדָה,
וְעִמָּהֶם כֹּהֲנִים וּלְוִיִּם, וְכָל מִי שֶׁטָּעָה בְּשִׁבְטוֹ,
וּבְנֵי גּוֹנְבֵי עֱלִי, בְּנֵי קוֹצְעֵי קְצִיעוֹת.
בְּעֶשְׂרִים בּוֹ – בְּנֵי פַחַת מוֹאָב בֶּן יְהוּדָה,
בְּעֶשְׂרִים בֶּאֱלוּל – בְּנֵי עָדִין בֶּן יְהוּדָה,
בְּאֶחָד בְּטֵבֵת – שָׁבוּ בְּנֵי פַרְעֹשׁ שְׁנִיָּה.

בְּאֶחָד בְּטֵבֵת – לֹא הָיָה בוֹ מַעֲמָד,
שֶׁהָיָה בוֹ הַלֵּל וְקָרְבַּן מוּסָף וְקָרְבַּן עֵצִים.

רבי עובדיה מברטנורה

זְמַן עֲצֵי הַכֹּהֲנִים וְהָעָם. כְּשֶׁעָלוּ בְּנֵי הַגּוֹלָה – לֹא מָצְאוּ עֵצִים בַּלִּשְׁכָּה וְעָמְדוּ אֵלּוּ וְהִתְנַדְּבוּ מִשֶּׁלָּהֶם. וְהִתְנוּ נְבִיאִים שֶׁבֵּינֵיהֶם שֶׁאֲפִלּוּ לִשְׁכָּה מְלֵאָה עֵצִים – יִהְיוּ אֵלּוּ מִתְנַדְּבִים מִשֶּׁלָּהֶם. וּבַיּוֹם שֶׁמְּבִיאִים הָעֵצִים – מְבִיאִים עִמָּהֶם קָרְבַּן נְדָבָה, וְעוֹשִׂים אוֹתוֹ הַיּוֹם יוֹם טוֹב. וְכֵן כָּתוּב בְּסֵפֶר עֶזְרָא (נחמיה י, לה): "וְהַגּוֹרָלוֹת הִפַּלְנוּ עַל קָרְבַּן הָעֵצִים וגו' לְהָבִיא לְבֵית אֱלֹהֵינוּ בְּעִתִּים מְזֻמָּנִים לְשָׁנָה". **וְכָל מִי שֶׁטָּעָה שִׁבְטוֹ.** וְלֹא הָיָה יוֹדֵעַ עִם מִי יֵלֵךְ – יֵלֵךְ עִם בְּנֵי זַתּוּא.

וּבְנֵי גּוֹנְבֵי עֱלִי. מְפָרֵשׁ בַּגְּמָרָא: שֶׁפַּעַם אַחַת גָּזְרוּ הָאוֹיְבִים שְׁמָד עַל יִשְׂרָאֵל שֶׁלֹּא יָבִיאוּ בִּכּוּרִים לַמִּקְדָּשׁ, וְהוֹשִׁיבוּ שׁוֹמְרִים בַּדְּרָכִים עַל כָּךְ. וְעָמְדוּ אֲנָשִׁים כְּשֵׁרִים שֶׁבְּאוֹתוֹ הַדּוֹר וְהֵבִיאוּ סַלֵּי בִכּוּרִים, וְחִפּוּ אוֹתָם בִּקְצִיעוֹת, דְּהַיְנוּ תְּאֵנִים יְבֵשִׁים. וְנוֹשְׂאִים עַל כְּתֵפָם עֱלִי, הוּא עֵץ גָּדוֹל עָשׂוּי כְּעֵין בּוּכְנָא שֶׁכּוֹתְשִׁים בּוֹ הַדִּיסָא וְהָיוּ רְגִילִין לִכְתֹּשׁ בּוֹ הַקְּצִיעוֹת לַעֲשׂוֹת מֵהֶם עִגּוּלֵי דְּבֵלָה. וּכְשֶׁהָיוּ פּוֹגְעִים בַּשּׁוֹמְרִים – אוֹמְרִים לָהֶם: "אָנוּ הוֹלְכִים לַעֲשׂוֹת שְׁנֵי עִגּוּלֵי דְּבֵלָה בַּמַּכְתֶּשֶׁת שֶׁלְּפָנֵינוּ, בְּעֱלִי זֶה שֶׁעַל כְּתֵפֵינוּ". וְכָךְ הָיוּ מְבִיאִין בִּכּוּרִים לִירוּשָׁלַיִם. וְעַל שֵׁם כָּךְ נִקְרְאוּ **בְּנֵי גּוֹנְבֵי עֱלִי,** כְּלוֹמַר גּוֹנְבֵי לֵב הַשּׁוֹמְרִים, בְּעֱלִי שֶׁעַל כְּתֵפָם.

במשנה זו מובאים תשעה ימים שבהם משפחות מישראל הקריבו קרבן עצים, זכר לימים שבהם עלו מן הגולה ולא היו עצים למזבח ומשפחות אלו התנדבו לתת משל עצמן למזבח, והם היו ימים טובים לאותן המשפחות.

זְמַן עֲצֵי כֹהֲנִים וְהָעָם תִּשְׁעָה:

בְּאֶחָד בְּנִיסָן - בְּנֵי אָרַח בֶּן יְהוּדָה, משבט יהודה, והם הביאו עצים עד כ' בתמוז, **בְּעֶשְׂרִים בְּתַמּוּז - בְּנֵי דָוִד בֶּן יְהוּדָה,** והם הביאו עצים עד ה' באב, **בַּחֲמִשָּׁה בְּאָב - בְּנֵי פַרְעֹשׁ בֶּן יְהוּדָה** הביאו עצים, **בְּשִׁבְעָה בּוֹ - בְּנֵי יוֹנָדָב בֶּן רֵכָב,** הביאו עצים.

בַּעֲשָׂרָה בּוֹ - בְּנֵי סְנָאָה בֶּן בִּנְיָמִין, בַּחֲמִשָּׁה עָשָׂר בּוֹ - בְּנֵי זַתּוּא בֶּן יְהוּדָה וְעִמָּהֶם כֹּהֲנִים וּלְוִיִּם, וְכָל מִי שֶׁטָּעָה בְּשִׁבְטוֹ, כל מי שעלה מהגולה ואינו יודע לאיזה שבט הוא שייך, **וּבְנֵי גּוֹנְבֵי עֱלִי, בְּנֵי קוֹצְעֵי קְצִיעוֹת** - בזמן בית המקדש השני הייתה גזירה של אויבי ישראל שלא להביא ביכורים למקדש, ומשפחה זו לקחה סלי ביכורים וחיפתה אותם בקציעות (תאנים יבשות) והביאו על כתפיהם עלי לכתישה, ולשומרים הגויים היו אומרים שהם הולכים להכין דבלות (כעין עוגת תאנים) וכך הצליחו להתחמק מהשומרים ולהגיע למקדש. ונקראו בני גונבי עלי ובני קוצעי קציעות כי גנבו את לב השומרים בזכות הקציעות והעלי שהיה על כתפיהם. ועל שם מעשיהם תיקנו להם יום טוב בט"ו באב.

בתוספתא (ג, ח) מסופר שמלכי יוון גזרו שלא להביא עצים למזבח, ומשפחת סלמאי הנטופתי לקחה סולמות עץ, ולשומרים הגויים היו אומרים שהם רוצים לטפס בסולם כדי להביא גוזלים מעץ גבוה, וכשהגיעו למקדש פירקו את הסולמות כדי להבעיר את אש המזבח, וגם להם קבעו חג.

בְּעֶשְׂרִים בּוֹ - בְּנֵי פַחַת מוֹאָב בֶּן יְהוּדָה,

בְּעֶשְׂרִים בֶּאֱלוּל - בְּנֵי עָדִין בֶּן יְהוּדָה,

בְּאֶחָד בְּטֵבֵת - שָׁבוּ בְּנֵי פַרְעֹשׁ פעם **שְׁנִיָּה.**

בְּאֶחָד בְּטֵבֵת, שמלבד שהוא יום עצים הוא גם ראש חודש וחנוכה - **לֹא הָיָה בּוֹ מַעֲמָד** כלל, **שֶׁהָיָה בּוֹ הַלֵּל** של חנוכה **וְקָרְבַּן מוּסָף** של ראש חודש **וְקָרְבַּן עֵצִים.**

ו חֲמִשָּׁה דְבָרִים אֵרְעוּ אֶת אֲבוֹתֵינוּ בְּשִׁבְעָה עָשָׂר בְּתַמּוּז,
וַחֲמִשָּׁה בְּתִשְׁעָה בְּאָב.
בְּשִׁבְעָה עָשָׂר בְּתַמּוּז:
נִשְׁתַּבְּרוּ הַלּוּחוֹת, וּבָטַל הַתָּמִיד,
וְהֻבְקְעָה הָעִיר,
וְשָׂרַף אַפּוֹסְטְמוֹס אֶת הַתּוֹרָה,
וְהֶעֱמִיד צֶלֶם בַּהֵיכָל.

בְּתִשְׁעָה בְּאָב:
נִגְזַר עַל אֲבוֹתֵינוּ שֶׁלֹּא יִכָּנְסוּ לָאָרֶץ,
וְחָרַב הַבַּיִת בָּרִאשׁוֹנָה וּבַשְּׁנִיָּה,
וְנִלְכְּדָה בֵּיתָר,
וְנֶחְרְשָׁה הָעִיר.

מִשֶּׁנִּכְנַס אָב –
מְמַעֲטִין בְּשִׂמְחָה.

רבי עובדיה מברטנורה

בְּי"ז בְּתַמּוּז נִשְׁתַּבְּרוּ הַלּוּחוֹת. שֶׁהֲרֵי בְּו' בְּסִיוָן נִתְּנוּ עֲשֶׂרֶת הַדִּבְּרוֹת, וּבְז' בְּהַשְׁכָּמָה עָלָה לְקַבֵּל אֶת שְׁאָר הַתּוֹרָה וְשָׁהָה שָׁם מ' יוֹם, נִמְצְאוּ כָּלִים בְּי"ז בְּתַמּוּז, וּכְשֶׁיָּרַד – שָׁבַר אֶת הַלּוּחוֹת. **וּבָטַל הַתָּמִיד.** שֶׁלֹּא הָיָה שָׁם כְּבָשִׂים לְהַקְרִיב, שֶׁבָּאָה הָעִיר בְּמָצוֹר. **וְהֶעֱמִיד צֶלֶם בַּהֵיכָל.** פְּלִיגִי בָּהּ אָמוֹרָאֵי בִּירוּשַׁלְמִי? חַד אָמַר: **צֶלֶם** שֶׁל מְנַשֶּׁה, וּבְבַיִת רִאשׁוֹן מַיְרֵי. וְחַד אָמַר: **צֶלֶם** שֶׁל אַפּוֹסְטְמוֹס שֶׁהָיָה מִשָּׂרֵי הַיְּוָנִים, וּבְבַיִת שֵׁנִי הָיָה.

משנה זו מתארת אירועים שהיו במשך הדורות בשבעה עשר בתמוז ובתשעה באב שבגללם תיקנו תעניות בימים אלה.

חֲמִשָּׁה דְבָרִים אֵרְעוּ אֶת אֲבוֹתֵינוּ בְּשִׁבְעָה עָשָׂר בְּתַמּוּז, וַחֲמִשָּׁה בְּתִשְׁעָה בְּאָב.

בְּשִׁבְעָה עָשָׂר בְּתַמּוּז: נִשְׁתַּבְּרוּ הַלּוּחוֹת כאשר משה רבינו ירד מהר סיני וישראל חטאו בעגל הזהב, **וּבָטַל הַתָּמִיד** בזמן בית המקדש השני, שהיה מצור על העיר ולא היו כבשים להקריב, **וְהֻבְקְעָה הָעִיר** בזמן בית המקדש השני, הרומאים פרצו את המצור והחל כיבוש ירושלים (בחורבן הבית הראשון הבקעת החומות הייתה בט' בתמוז), **וְשָׂרַף אַפּוֹסְטְמוֹס**, שר יווני רשע, **אֶת הַתּוֹרָה**, את ספר התורה שכתב עזרא הסופר וממנו הגיהו את שאר הספרים, **וְהֶעֱמִיד** אפסטמוס **צֶלֶם**, פסל, **בַּהֵיכָל** כדי לבזות את המקדש.

בְּתִשְׁעָה בְּאָב: נִגְזַר עַל אֲבוֹתֵינוּ שֶׁלֹּא יִכָּנְסוּ לָאָרֶץ בעקבות חטא המרגלים, **וְחָרַב הַבַּיִת**, בית המקדש, **בָּרִאשׁוֹנָה וּבַשְּׁנִיָּה, וְנִלְכְּדָה בֵּיתָר**, כשבעים שנה אחרי חורבן בית המקדש השני, הייתה עיר גדולה ובראשה עמד בר כוכבא והם נלחמו ברומאים ולבסוף נחרבה העיר וכל תושביה נהרגו באכזריות, **וְנֶחְרְשָׁה הָעִיר**, אחרי חורבן בית המקדש הראשון חרשו את ירושלים והיא הייתה שוממת עד שחזרו הגולים ובנו את בית המקדש השני.

מִשֶּׁנִּכְנַס אָב – מְמַעֲטִין בְּשִׂמְחָה, ומתכוננים לאבל של תשעה באב, ודיני מיעוט השמחה מבוארים במשנה הבאה.

ז שַׁבָּת שֶׁחָל תִּשְׁעָה בְּאָב לִהְיוֹת בְּתוֹכָהּ –
אָסוּר מִלְּסַפֵּר וּמִלְּכַבֵּס,
וּבַחֲמִישִׁי מֻתָּרִין מִפְּנֵי כְּבוֹד הַשַּׁבָּת.

עֶרֶב תִּשְׁעָה בְּאָב –
לֹא יֹאכַל אָדָם שְׁנֵי תַבְשִׁילִין,
לֹא יֹאכַל בָּשָׂר וְלֹא יִשְׁתֶּה יַיִן.
רַבָּן שִׁמְעוֹן בֶּן גַּמְלִיאֵל אוֹמֵר: יְשַׁנֶּה.
רַבִּי יְהוּדָה מְחַיֵּב בִּכְפִיַּת הַמִּטָּה,
וְלֹא הוֹדוּ לוֹ חֲכָמִים.

רבי עובדיה מברטנורה

שַׁבָּת שֶׁחָל ט׳ בְּאָב. שָׁבוּעַ שֶׁחָל ט׳ בְּאָב **לִהְיוֹת בְּתוֹכָהּ – אָסוּר לְסַפֵּר וּלְכַבֵּס** כָּל אוֹתוֹ שָׁבוּעַ, עַד שֶׁיַּעֲבֹר הַתַּעֲנִית. **וּבַחֲמִישִׁי – מֻתָּרִים.** כְּשֶׁהָיוּ מְקַדְּשִׁים עַל פִּי הָרְאִיָּה וְחָל תִּשְׁעָה בְּאָב לִהְיוֹת בְּעֶרֶב שַׁבָּת – מֻתָּרִים לְכַבֵּס בַּחֲמִישִׁי שֶׁלִּפְנֵי הַתַּעֲנִית, **מִפְּנֵי כְּבוֹד הַשַּׁבָּת.**
שְׁנֵי תַבְשִׁילִין. אֵין אָסוּר מִשּׁוּם שְׁנֵי תַּבְשִׁילִין אֶלָּא דָּבָר שֶׁאֵינוֹ נֶאֱכָל כְּמוֹת שֶׁהוּא חַי. אֲבָל דָּבָר הַנֶּאֱכָל כְּמוֹת שֶׁהוּא חַי, כְּגוֹן חָלָב וּגְבִינָה וְקִטְנִיּוֹת בִּזְמַן שֶׁהִיא לַחָה, אַף עַל פִּי שֶׁבִּשְּׁלָן – אֵין בָּהֶן מִשּׁוּם שְׁנֵי תַּבְשִׁילִין.
וְלֹא יֹאכַל בָּשָׂר וְלֹא יִשְׁתֶּה יַיִן. הָנֵי מִלֵּי לְאַחַר חֲצִי הַיּוֹם, וּבִסְעוּדָה הַמַּפְסֶקֶת שֶׁאֵין דַּעְתּוֹ לֶאֱכֹל אַחֲרֶיהָ סְעוּדַת קֶבַע. אֲבָל קֹדֶם חֲצִי הַיּוֹם, אֲפִלּוּ בִּסְעוּדָה הַמַּפְסֶקֶת, אוֹ בִסְעוּדָה שֶׁאֵינָהּ מַפְסֶקֶת אֲפִילּוּ לְאַחַר חֲצִי הַיּוֹם – שָׁרֵי לֶאֱכֹל שְׁנֵי תַּבְשִׁילִין, וּבְבָשָׂר וְיַיִן.
רַבָּן שִׁמְעוֹן בֶּן גַּמְלִיאֵל אוֹמֵר: יְשַׁנֶּה. אִם הָיָה רָגִיל בִּשְׁנֵי תַּבְשִׁילִין – אוֹכֵל תַּבְשִׁיל אֶחָד, הָיָה רָגִיל בִּשְׁנֵי כּוֹסוֹת שֶׁל יַיִן – שׁוֹתֶה כּוֹס אֶחָד. וְאֵין הֲלָכָה כְּרַבָּן שִׁמְעוֹן בֶּן גַּמְלִיאֵל. **בִּכְפִיַּת הַמִּטָּה.** שֶׁכּוֹפֶה הַמִּטָּה עַל פָּנֶיהָ, וְלֹא יִשְׁכַּב עָלֶיהָ אֶלָּא בַּקַּרְקַע. וְאֵין הֲלָכָה כְּר׳ יְהוּדָה.

משנה זו מבארת כיצד ממעטים בשמחה בשבוע שחל בו תשעה באב.

שַׁבָּת, שבוע, **שֶׁחָל תִּשְׁעָה בְּאָב לִהְיוֹת בְּתוֹכָהּ – אָסוּר מִלְּסַפֵּר וּמִלְּכַבֵּס, וּבַחֲמִישִׁי**, אם חל תשעה באב ביום שישי, ביום חמישי שלפניו **מֻתָּרִין מִפְּנֵי כְּבוֹד הַשַּׁבָּת**, כדי להתכונן לשבת, ומצב כזה היה יכול להיות כשקידשו

את החודש לפי הראייה, אבל לפי הלוח שאנו נוהגים כיום על פי הלל השני (ראה לעיל ב, י), תשעה באב לא יחול ביום שישי.

עֶרֶב תִּשְׁעָה בְּאָב, בסעודה המפסקת לפני הצום – **לֹא יֹאכַל אָדָם שְׁנֵי תַבְשִׁילִין,** שני דברים מבושלים, כגון אורז וביצה, וכדי להדגיש את האבלות המתקרבת, **לֹא יֹאכַל בָּשָׂר וְלֹא יִשְׁתֶּה יַיִן,** שהם מבטאים שמחה.

רַבָּן שִׁמְעוֹן בֶּן גַּמְלִיאֵל אוֹמֵר: יְשַׁנֶּה ימעט ממה שרגיל לאכול, אם היה רגיל לאכול שני תבשילים – יאכל אחד, ואם היה רגיל לשתות שתי כוסות יין – ישתה אחת. בגמרא (ל, א-ב) מובא מנהגו של רבי יהודה ברבי אילעאי: "ערב תשעה באב מביאין לו פת חרבה במלח, ויושב בין תנור לכיריים, ואוכל, ושותה עליה קיתון של מים, ודומה כמי שמתו מוטל לפניו".

רַבִּי יְהוּדָה מְחַיֵּב בִּכְפִיַּת הַמִּטָּה, הפיכת המיטה על פניה ושינה על הקרקע, וזה היה מנהג האבלים בזמן המשנה, **וְלֹא הוֹדוּ לוֹ חֲכָמִים,** וסברו שיכול לישון על מיטתו.

בתוספתא (ג, יד) מבואר שימים אלו עתידים להיות ימים טובים לישראל.

ח אָמַר רַבָּן שִׁמְעוֹן בֶּן גַּמְלִיאֵל:
לֹא הָיוּ יָמִים טוֹבִים לְיִשְׂרָאֵל,
כַּחֲמִשָּׁה עָשָׂר בְּאָב וּכְיוֹם הַכִּפּוּרִים,
שֶׁבָּהֶן בְּנוֹת יְרוּשָׁלַיִם יוֹצְאוֹת בִּכְלֵי לָבָן שְׁאוּלִין,
שֶׁלֹּא לְבַיֵּשׁ אֶת מִי שֶׁאֵין לוֹ.
כָּל הַכֵּלִים טְעוּנִין טְבִילָה.
וּבְנוֹת יְרוּשָׁלַיִם יוֹצְאוֹת וְחוֹלוֹת בַּכְּרָמִים.

וּמֶה הָיוּ אוֹמְרוֹת?
"בָּחוּר, שָׂא נָא עֵינֶיךָ וּרְאֵה,
מָה אַתָּה בוֹרֵר לָךְ.
אַל תִּתֵּן עֵינֶיךָ בַּנּוֹי,
תֵּן עֵינֶיךָ בַּמִּשְׁפָּחָה".
"שֶׁקֶר הַחֵן וְהֶבֶל הַיֹּפִי,
אִשָּׁה יִרְאַת ה' הִיא תִתְהַלָּל" (משלי לא, ל),
וְאוֹמֵר (שם, לא):
"תְּנוּ לָהּ מִפְּרִי יָדֶיהָ,
וִיהַלְלוּהָ בַשְּׁעָרִים מַעֲשֶׂיהָ".
וְכֵן הוּא אוֹמֵר (שיר השירים ג, יא):
"צְאֶינָה וּרְאֶינָה בְּנוֹת צִיּוֹן בַּמֶּלֶךְ שְׁלֹמֹה
בָּעֲטָרָה שֶׁעִטְּרָה לּוֹ אִמּוֹ בְּיוֹם חֲתֻנָּתוֹ
וּבְיוֹם שִׂמְחַת לִבּוֹ",
"בְּיוֹם חֲתֻנָּתוֹ" – זֶה מַתַּן תּוֹרָה,
"וּבְיוֹם שִׂמְחַת לִבּוֹ" – זֶה בִּנְיַן בֵּית הַמִּקְדָּשׁ,
שֶׁיִּבָּנֶה בִּמְהֵרָה בְיָמֵינוּ, אָמֵן.

רבי עובדיה מברטנורה

כְּט"ו בְּאָב. שֶׁבּוֹ כָּלוּ מֵתֵי מִדְבָּר בִּשְׁנַת הָאַרְבָּעִים. וּבוֹ נִתְבַּטְּלוּ אוֹתָן הַשּׁוֹמְרִים שֶׁהוֹשִׁיב יָרָבְעָם בֶּן נְבָט שֶׁהָיוּ מוֹנְעִים אֶת יִשְׂרָאֵל שֶׁלֹּא יַעֲלוּ לָרֶגֶל. וּבוֹ נִתְּנוּ הֲרוּגֵי בֵּיתָר לִקְבוּרָה. וּבוֹ הָיוּ פּוֹסְקִים מִלִּכְרֹת עֵצִים לַמַּעֲרָכָה לְפִי שֶׁמֵּאָז תַּשׁ כֹּחָהּ שֶׁל חַמָּה, שֶׁאֵין בָּהּ כֹּחַ לְיַבֵּשׁ הָעֵצִים מִלַּחוּתָן. **וְיוֹם הַכִּפּוּרִים.** שֶׁבּוֹ נִתְּנוּ לוּחוֹת הָאַחֲרוֹנוֹת, וְהוּא יוֹם מְחִילָה וּסְלִיחָה. **שְׁאוּלִים.** שֶׁכֻּלָּן שׁוֹאֲלִין, אֲפִלּוּ עֲשִׁירוֹת, **שֶׁלֹּא לְבַיֵּשׁ אֶת מִי שֶׁאֵין לוֹ. טְעוּנִים טְבִילָה** קֹדֶם שֶׁיִּלְבְּשׁוּם. לְפִי שֶׁאֵין כָּל אַחַת בְּקִיאָה בַּחֲבֶרְתָּהּ שֶׁמָּא נִדָּה הָיְתָה. **יוֹצְאוֹת וְחוֹלוֹת.** כְּמוֹ, "אָז תִּשְׂמַח בְּתוּלָה בְּמָחוֹל" (ירמיה לא, יב). **בַּמֶּלֶךְ שְׁלֹמֹה.** הַקָּדוֹשׁ בָּרוּךְ הוּא שֶׁהַשָּׁלוֹם שֶׁלּוֹ. **אִמּוֹ.** כְּנֶסֶת יִשְׂרָאֵל. **זֶה מַתַּן תּוֹרָה.** יוֹם הַכִּפּוּרִים שֶׁבּוֹ נִתְּנוּ לוּחוֹת אַחֲרוֹנוֹת. **זֶה בִּנְיַן בֵּית הַמִּקְדָּשׁ.** שֶׁנִּתְחַנֵּךְ בְּיוֹם הַכִּפּוּרִים.

אחרי שמובאים דיני שבעה עשר בתמוז ותשעה באב, במשנה זו מובא שט"ו באב ויום הכיפורים היו ימים טובים, והמשנה מסיימת בנתינת התורה ובבניין בית המקדש.

אָמַר רַבָּן שִׁמְעוֹן בֶּן גַּמְלִיאֵל: לֹא הָיוּ יָמִים טוֹבִים לְיִשְׂרָאֵל כַּחֲמִשָּׁה עָשָׂר בְּאָב וּכְיוֹם הַכִּפּוּרִים, שֶׁבָּהֶן בְּנוֹת יְרוּשָׁלַיִם יוֹצְאוֹת בִּכְלֵי לָבָן שְׁאוּלִין, בגדים לבנים והיו שואלות זו מזו ולא יצאו בבגדים שלהן עצמן, **שֶׁלֹּא לְבַיֵּשׁ אֶת מִי שֶׁאֵין לוֹ. כָּל הַכֵּלִים טְעוּנִין טְבִילָה** קודם הלבישה, שמא נטמאו בטומאת נידה, שכן היו שואלות את הבגדים ולא ידעו אם בעלת הבגד נטמאה או לא, וגם כדי שלא לבייש את הטמאות.

ובחרו בתאריכים האלו מפני שיש בהם כפרה, שבט"ו באב פסקו מתי דור המדבר מלמות והסתיים העונש על חטא המרגלים, ויום הכיפורים הוא יום סליחה וכפרה לכל ישראל שבו ניתנו הלוחות השניות ונמחל חטא העגל.

וּבְנוֹת יְרוּשָׁלַיִם יוֹצְאוֹת וְחוֹלוֹת רוקדות **בַּכְּרָמִים**, והבחורים היו באים גם הם לשם כדי להשתדך עם הבנות.

וּמֶה הָיוּ אוֹמְרוֹת? "בָּחוּר, שָׂא נָא עֵינֶיךָ וּרְאֵה, מָה אַתָּה בּוֹרֵר לָךְ. אַל תִּתֵּן עֵינֶיךָ בַּנּוֹי, תֵּן עֵינֶיךָ בַּמִּשְׁפָּחָה". כל אחת הייתה מפארת את התכונה הטובה שלה. היפות אומרות לבחורים להתבונן ביופיין, והמיוחסות אומרות לבחורים להתבונן בייחוסן, והיו מביאות ראיה לדבריהן מהפסוקים, שמהם משמע שהיופי אינו התכונה החשובה: **"שֶׁקֶר הַחֵן וְהֶבֶל הַיֹּפִי, אִשָּׁה יִרְאַת ה' הִיא תִתְהַלָּל", וְאוֹמֵר: "תְּנוּ לָהּ מִפְּרִי יָדֶיהָ, וִיהַלְלוּהָ בַשְּׁעָרִים מַעֲשֶׂיהָ".**

וְכֵן הוּא אוֹמֵר: "צְאֶינָה וּרְאֶינָה בְּנוֹת צִיּוֹן בַּמֶּלֶךְ שְׁלֹמֹה בַּעֲטָרָה שֶׁעִטְּרָה לוֹ אִמּוֹ בְּיוֹם חֲתֻנָּתוֹ וּבְיוֹם שִׂמְחַת לִבּוֹ", מפסוק זה לומדים שבנות ישראל יוצאות לרקוד בימים של השראת שכינה, וחז"ל למדו ש'שלמה' בפסוק זה הוא הקב"ה - מלך שהשלום שלו.

"בְּיוֹם חֲתֻנָּתוֹ" - זֶה מַתַּן תּוֹרָה, וביום הכיפורים ניתנו הלוחות השניים, "וּבְיוֹם שִׂמְחַת לִבּוֹ" - זֶה בִּנְיַן בֵּית הַמִּקְדָּשׁ, וחנוכת בית המקדש הראשון הייתה ביום הכיפורים, שֶׁיִּבָּנֶה בִּמְהֵרָה בְּיָמֵינוּ, אָמֵן.